„Patienteninformation und Shared Decision Making im Lichte des Publikumswerbeverbotes für verschreibungspflichtige Arzneimittel“

Lena Harmann

SCHRIFTENREIHE MASTERSTUDIENGANG CONSUMER HEALTH CARE

herausgegeben von Prof. Dr. Marion Schaefer

ISSN 1869-6627

1 *Lena Harmann*
Patienteninformation und Shared Decision Making im Lichte des Publikumswerbeverbotes für verschreibungspflichtige Arzneimittel
ISBN 978-3-8382-0056-9

2 *Janna K. Schweim*
Untersuchungen zum Arzneimittelversandhandel aus Verbrauchersicht
ISBN 978-3-8382-0071-2

In Vorbereitung:

Ansgar Muhle
Vergleich von führenden deutschen Gesundheitsportalen unter Berücksichtigung der gängigen Qualitätssiegel
ISBN 978-3-8382-0086-6

Karin Agor
Zur Evaluation eines multizentrischen Versorgungsmodells für die Notfallversorgung von Patienten mit akutem Koronarsyndrom im Rahmen des Projektes ‚Hamburg gegen den Herzinfarkt' (2005)
ISBN 978-3-8382-0090-3

Ursula Sellerberg
Vergleich und Bewertung ausgewählter verbraucherorientierter Heilpflanzen-Datenbanken im Internet
ISBN 978-3-8382-0092-7

Lena Harmann

PATIENTENINFORMATION UND SHARED DECISION MAKING IM LICHTE DES PUBLIKUMSWERBEVERBOTES FÜR VERSCHREIBUNGSPFLICHTIGE ARZNEIMITTEL

ibidem-Verlag
Stuttgart

Bibliografische Information der Deutschen Nationalbibliothek
Die Deutsche Nationalbibliothek verzeichnet diese Publikation in der Deutschen Nationalbibliografie; detaillierte bibliografische Daten sind im Internet über http://dnb.d-nb.de abrufbar.

Bibliographic information published by the Deutsche Nationalbibliothek
Die Deutsche Nationalbibliothek lists this publication in the Deutsche Nationalbibliografie; detailed bibliographic data are available in the Internet at http://dnb.d-nb.de.

∞

Gedruckt auf alterungsbeständigem, säurefreien Papier
Printed on acid-free paper

ISSN: 1869-6627

ISBN-10: 3-8382-0056-X
ISBN-13: 978-3-8382-0056-9

Printed in Germany

Abkürzungsverzeichnis

a.A.	anderer Ansicht
a.a.O.	am angegebenen Ort
Abb.	Abbildung
ABDA	Bundesverband deutscher Apothekerverbände
ABl.	Amtsblatt der Europäischen Gemeinschaften
ABl. L	Amtsblatt der Europäischen Gemeinschaften – Rechtsvorschriften
ABl. C	Amtsblatt der Europäischen Gemeinschaften – Mitteilungen und Bekanntmachungen
Abs.	Absatz
a.E.	am Ende
a.F.	alte Fassung
AkdÄ	Arzneimittelkommission der deutschen Ärzteschaft
AKG	Arzneimittel und Kooperation im Gesundheitswesen e.V.
AMG	Arzneimittelgesetz
AMIS	Arzneimittelinformationssystem (des Bundes)
ÄndG	Änderungsgesetz
Anm.	Anmerkung
AöR	Archiv des öffentlichen Rechts
AOK	Allgemeine Ortskrankenkasse(n)
Art.	Artikel
Aufl.	Auflage
BAH	Bundesverband der Arzneimittel-Hersteller
BAnz.	Bundesanzeiger
Bd.	Band
Bekl.	Beklagte /-r
BfArm	Bundesinstitut für Arzneimittel und Medizinprodukte
BGB	Bürgerliches Gesetzbuch
BGBl. I	Bundesgesetzblatt Teil I
BGH	Bundesgerichtshof
BGHZ	Entscheidung des Bundesgerichtshof in Zivilsachen
BKK	Betriebskrankenkasse(n)
BMG(S)	Bundesministerium für Gesundheit
BMJ	British Medical Journal *(Zeitschrift)*
BPI	Bundesverband der pharmazeutischen Industrie
BT-Drucks.	Drucksachen des Deutschen Bundestags
BVerfG	Bundesverfassungsgericht
BVerfGE	Bundesverfassungsgerichtsentscheidung
BVerwG	Bundesverwaltungsgericht
BVerwGE	Bundesverwaltungsgerichtsentscheidung
BVL	Bundesamt für Verbraucherschutz und Lebensmittelsicherheit
bzw.	beziehungsweise
ca.	circa
ChemG	Chemikaliengesetz
CMAJ	Canadian Medical Association Journal
CT	Clinical Trials (klinische Studien)
DÄ	Deutsches Ärzteblatt
DAZ	Deutsche Apotheker Zeitung

ders.	derselbe
d.h.	das heißt
DIMDI	Deutsches Institut für Medizinische Dokumentation und Information
DÖV	Die öffentliche Verwaltung *(Zeitschrift)*
DTC	Direct-to-Consumer (direkt an den Verbraucher gerichtet)
DVBl.	Deutsches Verwaltungsblatt *(Zeitschrift)*
EG	Europäische Gemeinschaft(en)
EGV	Europäischer Gemeinschaftsvertrag
Einl.	Einleitung
EMEA	European Medicines Evaluation Agency (Europäische Agentur für die Beurteilung von Arzneimitteln)
endg.	endgültig
(E)PAR	(European) Public Assessment Report (öffentlicher Bewertungsbericht (der EU))
et al.	et alii (und andere)
EU	Europäische Union
EUDRA	European Union Drug Regulatory Authorities (Arzneimittelzulassungsbehörden der Europäischen Union
EUDRA-CT	European Union Drug Regulating Authorities of all clinical trials commencing in the Community (Gemeinschaftsdatenbank für Cinical Trials)
EUDRA-GMP	European Union Drug Regulating Authorities Database on manufacturing and import authorisations and Good Manufacturing Practice
EUDRA-Pharm	European Union Drug Regulating Authorities Pharmaceutical Database (Gemeinschaftsdatenbank für Arzneimittel)
EuGH	Europäischer Gerichtshof
EuGRZ	Europäische Grundrecht-Zeitschrift
EUV	Vertrag über die Europäische Union
EuZW	Europäische Zeitschrift für Wirtschaftsrecht
e.V.	eingetragener Verein
EVP	Europäsche Volkspartei
EWiR	Entscheidungen zum Wirtschaftsrecht
f.	folgende
ff.	fortfolgende
Fn.	Fußnote
FSA	Freiwillige Selbstkontrolle für die Arzneimittelindustrie e.V.
GBA	Gemeinsamer Bundesausschuss
GesR	GesundheitsRecht *(Zeitschrift)*
GG	Grundgesetz
ggf.	gegebenenfalls
GGW.	Gesellschaft und Gesundheit Wissenschaft *(Zeitschrift)*
GK	Gemeinschaftskodex
GKV	gesetzliche Krankenversicherung
GMG	Gesundheitsmodernisierungsgesetz
GMP	Good Manufacturing Practice („Gute Herstellungspraktik")
GR	Grundrecht(e)
GRUR	Gewerblicher Rechtsschutz und Urheberrecht *(Zeitschrift)*
GRURInt.	Gewerblicher Rechtsschutz und Urheberrecht Internationaler Teil *(Zeitschrift)*
GVBl.	Gesetz und Verordnungsblatt
Hdb.	Handbuch

h.M.	herrschende Meinung
Hrsg.	Herausgeber
hrsg.	Herausgegeben
Hs.	Halbsatz
HWG	Heilmittelwerbegesetz
HWVO	Heilmittelwerbeverordnung
i.e.	im Einzelnen
insb.	insbeondere
IQWiG	Institut für Qualität und Wirtschaftlichkeit im Gesundheitswesen
i.S.	im Sinne
i.S.d.	im Sinne des
i.V.m.	in Verbindung mit
J Med Int. Res.	Journal of Medical Internat Research
JUS	Juristische Schulung *(Zeitschrift)*
JZ	Juristische Zeitung
KBV	Kassenärztliche Bundesvereinigung
KG	Kammergericht
KOM	Dokument der Kommission
LG	Landgericht
lit.	litera
MedR	Medizinrecht *(Zeitschrift)*
MPG	Medizinproduktegesetz
m.w.N.	mit weiteren Nachweisen
n.F.	neue Fassung
NJW	Neue Juristische Woche *(Zeitschrift)*
Nr.	Nummer
NVwZ	Neue Zeitschrift für Verwaltungsrecht
OLG	Oberlandesgericht
OTC	over the counter (über die Theke; frei verkäuflich)
PEI	Paul-Ehrlich-Institut
pharmind.	Die pharmazeutische Industrie *(Zeitschrift)*
PharmR	Pharmarecht *(Zeitschrift)*
PZ	Pharmazeutische Zeitung
resp.	respektive
RGBl. I	Reichgesetzblatt Teil I
RKI	Robert Koch-Institut
RL	Richtlinie
Rn.	Randnummer(n)
RPG	Recht und Politik im Gesundheitswesen *(Zeitschrift)*
S.	Seite
s.	siehe
SCRIP	Society for Clinical Researchers in Pharmacology
SDM	Shared Decision Making (gemeinsame Entscheidungsfindung)
SEK	EU-Sektionsnummer
SGB V	Sozialgesetzbuch Fünftes Buch
Slg.	Sammlung des EuGH
Soc Sci Med	Social Science and Medicine *(Zeitschrift)*
sog.	sogenannte(n/r/s)
str.	strittig

st. Rspr.	ständige Rechtsprechung
TFG	Transfusionsgesetz
TPG	Transplantationsgesetz
u.a.	unter anderem; und andere
UAW	unerwünschte Arzneimittelwirkungen
UWG	Gesetz gegen unlauteren Wettbewerb
v.	von, vom
VFA	Verband Forschender Arzneimittelhersteller
VG	Verwaltungsgericht
VGH	Verwaltungsgerichtshof
vgl.	vergleiche
Vorbem.	Vorbemerkung(en)
WHO	World Health Organization (Weltgesundheitsorganisation)
Wido	Wissenschaftliches Institut der AOK
WiKo	früher: Wiesbadener Kommentar zum Medizinproduktegesetz, jetzt: Kommentar zum Medizinprodukterecht
WRP	Wettbewerb in Rechts und Praxis *(Zeitschrift)*
z.B.	zum Beispiel
ZLG	Zentralstelle der Länder für Gesundheitsschutz bei Arzneimitteln und Medizinprodukten
ZLR	Zeitschrift für das gesamte Lebensmittelrecht
ZRP	Zeitschrift für Rechtspolitik
z.T.	zum Teil

GLIEDERUNG

1. Einführung

1.1 Einleitung

In der modernen Gesellschaft nimmt die selbst bestimmte Gestaltung des eigenen Lebens einen immer höheren Stellenwert ein. Dieses Autonomiebestreben berührt auch die Themen Gesundheit, Gesundheitsvorsorge und Krankheit. Eine zunehmende Zahl von Patienten möchte deshalb an Entscheidungen, die ihre Gesundheit betreffen, aktiv mitwirken und über Behandlungsmethoden, Risiken und Alternativen informiert sein. Aus diesem Grund kann man von einem veränderten Patientenleitbild sprechen, das der Auffassung von einem „mündigen Patienten" nahe kommt. Gleichzeitig müssen Patienten aber zunehmend für ihre Arzneimittelversorgung aus eigenen Mitteln aufkommen, da immer mehr Arzneimittel aus den Leistungskatalogen der gesetzlichen Krankenversicherungen ausgeschlossen oder mit Zuzahlungserhöhungen belegt werden.
Aus diesen Entwicklungen resultiert, dass die Arzneimittelverbraucher mehr und mehr in die Rolle der „zahlenden Konsumenten" bei gleichzeitig geforderter „Mündigkeit" gedrängt werden. Unter diesen Bedingungen müssen Patienten aber auch die Möglichkeit haben, sich umfassend und inhaltlich richtig über Arzneimittel informieren zu können, denn nur ein Patient, der ausreichende Informationen über Krankheiten und verfügbare Therapieformen hat, kann aktiv an seiner Behandlung mitwirken und Einschätzungen bezüglich des Kosten-Nutzen-Verhältnisses nachvollziehen bzw. selbst vornehmen.

1.2 Zielstellung

Dem grundsätzlich berechtigen Informationsbedürfnis von Patienten oder Personen, die an gesundheitlichen oder arzneimittelbezogenen Fragen interessiert sind, kann in Deutschland aufgrund des Heilmittelwerbegesetzes (HWG) mit dem Publikumswerbeverbot nach § 10 Abs. 1 und europaweit mit dem den Artikeln 86 ff. der Richtlinie 2001/83/EG nur bedingt entsprochen werden.

Im Folgenden soll daher aufgezeigt werden, welcher entwicklungshistorische Hintergrund diesen Vorschriften zukommt, welchem Ziel sie dienen und ob sie auch heute noch geeignet sind, dieses Ziel zu erreichen. Auch soll erläutert werden, welche Informationsquellen den Verbrauchern heute faktisch zu Verfügung stehen und ob und gegebenenfalls wie sich dies zukünftig ändern könnte.

Die Untersuchung des deutschen und europäischen Publikumswerbeverbotes und der für die Patienten zugänglichen Informationsmöglichkeiten soll letztlich der Verbesserung der Rechtsvorschriften durch Analyse ihrer jeweiligen Wirksamkeit und Verfassungsmäßigkeit dienen.

1.3 Methodik

Dieser Arbeit wird die sog. *funktionelle Untersuchung* zugrunde liegen, welche an ein gesellschaftliches Problem anknüpft (hier die Patienteninformation im Spannungsfeld zwischen den Interessen der Allgemeinheit und den Interessen der Arzneimittelindustrie) um anschließend die deutsche und europäische Gesetzgebung hinsichtlich der Patienteninformation zu diskutieren und verfassungsrechtlich zu überprüfen. Dabei sollen auch das sozial-politische und gesellschaftliche Umfeld berücksichtigt und der aktuelle Stand der Diskussion sowie die einschlägigen Informationsströme untersucht werden.

Zunächst soll jedoch die Fragestellung aufgeworfen werden, ob und wie sich Deutschland und die EU vor einer zu großen Beeinflussung des Gesundheitswesens durch die Arzneimittelindustrie schützen, gleichzeitig jedoch den Patienten Zugang zu medizinischen Informationen ermöglichen. Zugespitzt stellt sich in diesem Zusammenhang die Frage, ob es gesellschafts- und sozialpolitisch sowie gesundheitsökonomisch überhaupt sinnvoll ist, den Patienten über therapeutische Möglichkeiten aufzuklären oder ob es besser wäre, Patienten „unmündig" zu behandeln und die Vorschriften über die Patienteninformation protektionistisch anzuwenden. Dabei muss allerdings auch eine verfassungsrechtliche Überprüfung der jeweiligen Regelungen erfolgen, um ungerechtfertigte Grundrechtsverletzungen von Parteien bzw. bestimmten Teilnehmern im Gesundheitswesen keinen Vorschub zu leisten. Im Mittelpunkt des Interesses dieser Arbeit steht dabei die Arzneimittelinformation für Patienten und interessierte Bürger.
Zudem steht die Frage im Zentrum der Betrachtung, welche Informationsmöglichkeiten für Patienten bereits bestehen, wie sich diese Möglichkeiten künftig ändern könnten und ob ein Shared Descision Making zwischen Arzt und Patient das Modell der Zukunft sein könnte.

Sodann sollen die hinsichtlich der Patienteninformation existierenden Rechtsquellen (Gesetzestexte, Präjudizien, juristische Literatur) systematisch erfasst und ausgelegt werden.

Dabei werden je nach Bedarf die Auslegungsmethoden[1] der historischen Auslegung, der teleologischen Auslegung, der grammatikalischen[2] Auslegung, der systematischen und der verfassungskonformen Auslegung herangezogen werden.

Bei der *grammatikalischen Auslegung* wird der mögliche Wortsinn einer Vorschrift ermittelt. Die Grenze des Wortsinns bildet dabei zugleich die Grenze der Auslegung. Bei der *systematischen Auslegung* wird die Struktur des Rechtssatzes, sein Zusammenhang mit sonstigen Normen und seine Stellung in einer Kodifikation untersucht. Die *historische Auslegung* begutachtet die Vorgeschichte des Gesetzes („historisches Klima"), die Entstehungsgeschichte (Entwürfe, Debatten und Ausschussprotokolle) und die Entwicklungsgeschichte. Bei der *teleologischen Auslegung* wird der „Gegenwartssinn" eines Gesetzes untersucht. Dabei ist zwischen den konkreten und den abstrakten Gesetzeszwecken (Sachgerechtigkeit der Entscheidung, Folgenkontrolle, Effektivität, Praktikabilität, Konsensfähigkeit etc.) zu unterscheiden. Die *verfassungskonforme Auslegung* ist aufgrund des Stufenbaus der Rechtsordnung bei allen Auslegungsmethoden stets zu berücksichtigen. „*Sind ... zwei verschiedene Deutungen einer Norm möglich, so verdient diejenige den Vorzug, die einer Wertentscheidung der Verfassung besser entspricht* (BVerfGE 8, 221)."

Dabei stehen die genannten Methoden nicht im Ausschließlichkeitsverhältnis, sondern ergänzen einander, zumal längst nicht immer alle Methoden Argumente liefern oder zum selben Ergebnis kommen. Der mögliche Wortsinn einer Vorschrift bildet dabei stets die äußerste Grenze der Auslegung.
Die herausgearbeiteten Ergebnisse sollen schließlich analysiert und hinsichtlich der Fragestellung auf ihre Bedeutung hin überprüft werden, sodass eine Bilanz gezogen werden soll, ob, warum und in welchem Rahmen künftig eine stärkere Patienteninformation und -beteiligung notwendig bzw. wünschenswert ist.

[1] Ausführlich zu den Juristischen Auslegungsmethoden, siehe: Larenz (1991).

[2] Damit gemeint ist eine „Auslegung nach dem Wortlaut". Möglich wäre also auch eine Bezeichnung als „semantische" Auslegung. Erforderlich ist, den Sinn einer Rechtsnorm möglichst nahe an ihrem Wortsinn festzusetzen (siehe Larenz, 1991).

2. Entstehungsgeschichte des HWG

Deutschland, einst als „Apotheke der Welt" apostrophiert, erlebte in der zweiten Hälfte des 19. und der ersten Hälfte des 20. Jahrhunderts eine rasante Entwicklung in der pharmazeutischen Forschung.[3]

Mit dieser dynamischen Entwicklung der pharmazeutischen Industrie ging auch eine Intensivierung der Werbemaßnahmen für Arzneimittel einher, welche bald marktschreierischen Charakter annahmen.[4] Um vor potentiellen Gefahren durch eine unsachgerechte Selbstmedikation zu schützen, wurden deshalb zu Beginn des 20. Jahrhunderts in den einzelnen deutschen Ländern die ersten Regelungen über Werbung für Arzneimittel erlassen.[5] Bei diesem Regelwerk handelte es sich um sog. „Listen-Regelungen", in denen alle Arzneimittel aufgeführt wurden, für die nicht öffentlich geworben werden durfte. Dies hatte zum Nachteil, dass die Vorschriften stetig aktualisiert werden mussten.[6]
Im Jahre 1927 wurde mit dem „Gesetz zur Bekämpfung der Geschlechtskrankheiten" erstmals ein Publikumswerbeverbot reichsweit, aber auch bereichsspezifisch eingeführt.[7] Diese Regelung traf folglich ebenfalls nur ein kleines Teilgebiet der Arzneimittel. Zuvor ergangene Ministerialerlasse der Länder hatten zwar für alle Arzneimittel sowie andere Heilmittel jede irreführende und gesundheitsschädigende Werbung gegenüber dem Publikum verboten, eine umfassende Regelung der Publikumswerbung, die für alle Heilmittel praktikabel war, bestand jedoch noch nicht. Im „Dritten Reich" wurde eine Neuregelung der Werbung für Heilmittel in Angriff genommen. Der „Werberat der deutschen Wirtschaft" etablierte die erste reichseinheitliche und umfassende Regelung der Heilmittelwerbung[8], die zwar keinen Gesetzescharakter besaß, jedoch jedwede Wirtschaftswerbung der Genehmigungspflicht unterwarf.[9]

---

3 Wiemers, in: WRP 2007, S. 145 (145).

4 Doepner, HWG, Einl. Rn. 1.

5 Verordnungen über den Verkehr mit Geheimmitteln und ähnlichen Arzneimitteln" vom 23. Mai 1903.

6 Rieß, Publikumswerbung, S. 39.

7 In § 21 aus dem „Gesetz zur Bekämpfung von Geschlechtskrankheiten" vom 18. Februar 1927 (RGBl. I, 61 ff.) wurde jede außerhalb der Fachkreise geschaltete Werbung für Arzneimittel gegen Geschlechtskrankheiten und Krankheiten der Geschlechtsorgane untersagt. Dieses Gesetz wurde aufgehoben durch § 55 MPG im Jahre 1994.

8 17. Bekanntmachung des Werberates (Heilmittel-Bekanntmachung) vom 5. Mai 1936.

9 Doepner, HWG, Einl. Rn. 2.

Im Jahre 1941 wurde dann die „Polizeiverordnung des Reichsinnenministers über die Werbung auf dem Gebiete des Heilwesens" (HWVO) erlassen.[10] Die Verordnung galt für 20 Jahre und wurde, nachdem sie als nicht spezifisch nationalsozialistisch eingestuft worden war, im Jahre 1961 noch für zunächst drei, dann noch für ein weiteres Jahr verlängert.[11] Diese Verordnung war praktikabler als ihre Vorgängerregelungen, da sie das Verbot an die Verschreibungspflicht des beworbenen Arzneimittels knüpfte und somit automatisch in Kraft treten ließ, sobald ein Arzneimittel der Verschreibungspflicht unterstellt wurde.[12]
Die HWVO war in zahlreichen Einzelregelungen Vorbild für das HWG, wobei auch in § 5 Abs. 1a) HWVO die Beschränkung der Werbung für verschreibungspflichtige Arzneimittel auf einen engen fachlichen Adressatenkreis enthalten war.[13]
Gegen Ende der fünfziger Jahre begannen in Deutschland die Beratungen über die Neuregelung des Heilmittelwerberechts durch ein eigenes Gesetz. Begründet wurde die Notwendigkeit einer Neuregelung unter anderem mit der Anwendung neuer Werbemethoden, der Fortentwicklung der medizinischen und pharmazeutischen Wissenschaft sowie der für die HWVO festgeschriebenen zeitlichen Befristung der Geltungsdauer. Nach langer Debatte trat die Neuregelung am 15. Juli 1965 in Form des HWG in Kraft. Dabei wurde von einer direkten Regelung im Rahmen des AMG Abstand genommen, weil man über die Arzneimittel hinaus auch für andere Heilmittel Regelungen treffen wollte.[14]
Die heilmittelwerberechtlichen Ge- und Verbotsvorschriften sind dabei in erster Linie Ausdruck gesundheitspolitischer Erwägungen. Im Allgemeinen wird der Zweck des Heilmittelwerberechts darin gesehen, die Gesundheit des Einzelnen Verbrauchers und die Gesundheitsinteressen der Allgemeinheit zu schützen.[15] Nachfolgend soll deshalb in diesem Kontext auf ausgewählte Schwerpunkte einer Zweckbestimmung des Publikumswerbeverbotes eingegangen werden.

2.1 Recht auf Selbstmedikation

Bemerkenswert ist, dass die seit Ende der 50er Jahre vorgelegten Gesetzesentwürfe zum HWG zum Teil ausdrücklich das Recht des Patienten auf Selbstmedikation

---

10 RVBl. I, S. 587.
11 Doepner, HWG, Einl. Rn. 3.
12 § 5 Abs. I a) HWVO.
13 § 5 Abs. II a) HWVO entsprach weitgehend dem § 10 Abs. 2 HWG.
14 Wiemers, in: WRP 2007, S. 145 (146).
15 Hildebrandt, Heilmittelwerberecht, S. 49; Doepner, HWG, Einl. Rn. 40.

betonen. So beginnt der Gesetzesentwurf des Bundesministeriums des Inneren vom August 1959 wie folgt:

> *„Die Hersteller von Arzneimitteln, insbesondere Arzneimittelspezialisten, haben ebenso wie die Hersteller anderer Produkte ein berechtigtes Interesse daran, für den Absatz ihrer Erzeugnisse zu werben. Da jeder Staatsbürger das Recht hat, sich im Krankheitsfalle unter Zuhilfenahme von Arzneimitteln selbst zu behandeln, besteht auch ein berechtigtes Interesse des Publikums zu erfahren, welche Arzneimittel es gibt und für welche Zwecke sie bestimmt sind.“*[16]

Dieses klar formulierte Freiheitspostulat wurde jedoch u.a. durch die Aufstellung von Listen in insgesamt drei Anlagen des Gesetzes wieder deutlich eingeschränkt, weil weder bei bestimmten Krankheiten noch für bestimmte Arzneimittelgruppen oder Arzneimittel, die bestimmte Wirkstoffe enthielten, geworben werden sollte. Demnach fand hier also noch keine ausdrückliche Einschränkung des Werbungsverbots auf verschreibungspflichtige Medikamente statt. Anfang 1964 legte die Bundesregierung einen durch das neu errichtete Bundesministerium für Gesundheitswesen erarbeiteten Regierungsentwurf vor, der nach langwierigen Verhandlungen und Einarbeitung von Gegenvorstellungen der pharmazeutischen Industrie entstanden war.[17] Grundsätzlich geht auch dieser Gesetzesentwurf von dem Recht des Bürgers auf Selbstmedikation aus. Dazu heißt es wie folgt:

> *„Grundsätzlich hat jeder Staatsbürger das Recht, sich im Krankheitsfalle unter Zuhilfenahme von Arzneimitteln selbst zu behandeln; er hat daher auch ein berechtigtes Interesse, durch die Werbung zu erfahren, welche Arzneimittel auf dem Markt angeboten werden und für welche Zwecke sie bestimmt sind. Der Verbraucher vermag aber als Laie auf diesem schwer überschaubaren Gebiet in vielen Fällen Werbebehauptungen über Güte und Wirkungen eines Arzneimittels nicht zu beurteilen. Es kommt hinzu, dass er sich oft als kranker Mensch in einer psychischen Notlage befindet und daher besonders leicht einer irreführenden oder übertriebenen Arzneimittelwerbung zum Opfer fällt. Es ist mit ein Hauptziel dieses Entwurfs, den kranken Menschen davor zu bewahren, durch die Werbung zu einer missbräuchlichen Anwendung von Arzneimitteln verleitet zu werden.“*[18]

2.2 Einschränkung des Rechts auf Selbstmedikation zum Schutze der Volksgesundheit

Das Recht des Patienten auf Selbstmedikation wird wie bereits einleitend ausgeführt zum Schutze der Volksgesundheit eingeschränkt:

> *„Die allgemeinen Vorschriften des Wettbewerbsrechts und des Strafrechts reichen für die Wirtschaftswerbung auf dem Gebiete des Heilwesens nicht aus. Die Interessen der Volksgesundheit erfordern und rechtfertigen eine Sonderreglung dieses Rechtsgebietes, die über die Vorschriften des Gesetzes gegen unlauteren Wettbewerb primär die Lauterkeit im Rechtsverkehr gewährleisten und daher den einzelnen Teilnehmer im Rechtsverkehr vor unlauteren Methoden eines anderen Wettbewerbers schützen soll. Die Vorschriften des*

---

16 Zitiert nach Kernd'l/Marcetus, Heilmittelwerbegesetz, Kommentar (1965), S. 31.

17 Wiemers, in: WRP 2007, S. 145 (146).

18 Amtliche Begründung BT-Drucks. IV/1867, S. 5-6.

Strafgesetzbuches, insbesondere die in diesem Zusammenhang einschlägigen Vorschriften gegen den Betrug, dienen zwar auch dem Verbraucherschutz, der Schutz erstreckt sich aber nur auf das Vermögen. Mit dem vorliegenden Gesetzesentwurf wird das Ziel verfolgt, die Gesundheit des Einzelnen und die Volksgesundheit zu schützen.“[19]

2.3 Einschränkung des Herstellerwerberechts zum Schutze der Volksgesundheit

In ganz ähnlicher Weise wie das Recht des Patienten auf Selbstmedikation wird auch das Heilmittelwerberecht der Hersteller und Inverkehrbringer von Heilmitteln grundsätzlich anerkannt, sogleich aber die Notwendigkeit einer Einschränkung bzw. eines Verbotes postuliert.[20]
In der amtlichen Begründung des HWG heißt es hierzu:

„Das Arzneimittel stellt eine Ware besonderer Art dar, die häufig nicht ohne Risiko angewendet werden kann. Die Hersteller von Arzneimitteln oder diejenigen, die sonst Arzneimittel in den Verkehr bringen, haben grundsätzlich das Recht, im Rahmen ihrer Berufsausübung die Verbraucher über ihre Erzeugnisse zu unterrichten, um deren Absatz zu fördern. Dieses Recht auf Werbung muss aber Einschränkungen erfahren. Ein großer Teil der Arzneimittel enthält Stoffe, deren Wirkungen und Nebenwirkungen von Laien nicht übersehen werden können und die deshalb nur unter ärztlicher Aufsicht angewendet werden sollten. Es ist im Interesse der Volksgesundheit nicht vertretbar, dass für solche Mittel außerhalb der Fachkreise geworben werden kann und damit der fachkundige Verbraucher angeregt wird, sich ihrer zur Selbstbehandlung zu bedienen. (...) In diesen Fällen muss eine Werbung beim fachunkundigen Verbraucher entweder ausgeschlossen oder eingeschränkt werden.“[21]

Die Bundesregierung ging in ihrem Gesetzesentwurf also davon aus, dass eine Publikumswerbung grundsätzlich erlaubt sein müsse, diese aber im Interesse der Gesundheit der Verbraucher gewisser Einschränkungen bedürfe.[22] Da die Anwendung von Arzneimitteln auch immer Gesundheitsrisiken mit sich bringt, soll diesen Gefahren der medikamentösen Selbstbehandlung durch das Publikumswerbeverbot begegnet werden. So soll neben dem Fehlgebrauch von Arzneimitteln auch einem übermäßigen Gebrauch von verschreibungspflichtigen Medikamenten entgegengewirkt werden. Dieses Ziel wird allerdings weitgehend durch die Verschreibungspflicht erreicht, weshalb unklar ist, warum der Gesetzgeber über diese Regulierung hinaus noch eine Werbebeschränkung für notwendig erachtet.[23] Dies geht auch aus den Gesetzesbegründungen nicht eindeutig hervor. Denkbar ist aber,

---

19 Zitiert nach Kernd'l/Marcetus, Heilmittelwerbegesetz, Kommentar (1965), S. 32.
20 Wiemers, in: WRP 2007, S. 145 (146); Nachweise bei Doepner, HWG, Einl. Rn. 5 ff.
21 Amtliche Begründung BT-Drucks. IV/1867, S. 5.
22 Rieß, Publikumswerbeverbot, S. 40; Doepner, HWG, Einl. Rn. 5.
23 Bülow/Ring, HWG, § 10, Rn. 1; Doepner, HWG, § 10, Rn. 9; Rieß, Publikumswerbeverbot, S. 42.

dass auf diese Weise einer möglichen Anreizfunktion für verschreibungspflichtige Arzneimittel über so genannte Wunschverordnungen begegnet werden sollte.

3. Inhalte der geltenden gesetzlichen Regelungen

Zur weiteren Bestimmung der Begründungszusammenhänge soll im Folgenden auf ausgewählte Inhalte geltender gesetzlicher Regelungen eingegangen werden.

3.1 § 10 HWG

In § 10 Abs. 1 HWG heißt es: „Für verschreibungspflichtige Arzneimittel darf nur bei Ärzten, Zahnärzten, Tierärzten, Apothekern und Personen, die mit diesen Arzneimitteln erlaubterweise Handel treiben, geworben werden."

Die Vorschrift beschränkt also die Werbung für verschreibungspflichtige Arzneimittel auf diejenigen Fachkreise, die befugt sind, verschreibungspflichtige Arzneimittel zu verordnen oder die mit diesen Arzneimitteln Handel treiben dürfen.[24] Als Auffangtatbestand des Publikumswerbeverbotes aus § 10 Abs. 1 HWG dient die Vorschrift des § 10 Abs. 2 HWG, der im Zusammenhang mit spezifischen Indikationsstellungen auch die Selbstmedikation berührt und die Publikumswerbung für Arzneimittel verbietet, die dazu bestimmt sind, bei Menschen Schlaflosigkeit oder psychische Störungen zu beseitigen oder die Stimmungslage zu beeinflussen. Diese Vorschrift dient dazu, die Selbstmedikation für diese äußerst komplexen medikamentösen Anwendungsgebiete weitgehend auszuschließen.[25] Dadurch soll diese Vorschrift im Interesse des Verbrauchers einen werbefreien Raum bezüglich bestimmter Arzneimittel schaffen, die wegen der zum Teil erheblichen Gewöhnungs- und Suchtpotentiale einerseits und den mit der Arzneimitteleinnahme auftretenden Nebenwirkungen andererseits, als besonders gesundheitsgefährlich gelten.[26]

3.2 § 11 HWG

Der Anwendungsbereich des § 11 HWG erstreckt sich auf die Werbung für Arzneimittel, Verfahren, Behandlungen, Gegenstände oder andere Mittel, allerdings nur soweit für diese außerhalb der Fachkreise, d.h. beim Publikum (den Patienten) geworben wird. Aus dieser Einschränkung ergibt sich, dass die Verbote des § 11 HWG für die Fachwerbung nicht gelten. In dieser Vorschrift sind 15 Verbote für bestimmte Aussagen oder Formen in der Publikumswerbung enthalten, deren Aufzählung insofern abschließend ist. Dieses Publikumswerbeverbot wird ergänzt durch das für bestimmte Arzneimittel geltende Werbeverbot in § 10 HWG und

---

24 Kleist, Albrecht, Hoffmann, § 10, Rn. 11.

25 Rieß, Publikumswerbeverbot, S. 43.

26 Hildebrandt, Heilmittelwerberecht, S. 54; Doepner, HWG, § 10, Rn. 9.

das Verbot in § 12 HWG, Arzneimittel und andere Mittel gegen die dort genannten Krankheiten anzubieten.[27]

3.3 § 12 HWG

§ 12 HWG verbietet Werbung außerhalb der Fachkreise, die sich auf die Erkennung, Verhütung, Beseitigung oder Linderung einiger bestimmter Krankheiten bzw. Krankheitsgebiete bezieht. Hierbei handelt es sich um nach dem Infektionsschutzgesetz[28] meldepflichtige Krankheiten oder durch meldepflichtige Krankheitserreger verursachte Infektionen, bösartige Neubildungen, Suchtkrankheiten – ausgenommen Nikotinabhängigkeit – sowie krankhafte Komplikationen der Schwangerschaft und während des Wochenbetts.[29]
Im Gegensatz zu dem engen Adressatenkreis des § 10 Abs. 1 HWG sind die Fachkreise des i.S.d. § 12 HWG weiter gefasst, denn sie umfassen gem. § 2 HWG neben den Angehörigen der Heilberufe alle Personen, die in Ausübung ihres Berufes Arzneimittel anwenden oder mit diesen erlaubterweise Handel betreiben.[30] Der Gesetzgeber hielt es hierbei für erforderlich, die Werbung beim fachunkundigen Verbraucher auszuschließen, da es eine Reihe von Krankheiten, Leiden, Körperschäden oder krankhaften Beschwerden gebe, bei denen jeder Versuch einer Selbstbehandlung, auch mit so genannten harmlosen Mitteln, schaden könne.[31] Dahinter steckt die Überlegung, dass eine Eigendiagnose und anschließende Selbstbehandlung von bestimmten Krankheiten nicht nur nutzlos, sondern sogar gefährlich werden kann. Durch das Hinausschieben einer ärztlichen Beratung droht darüber hinaus eine Verzögerung einer möglicherweise wirksamen Therapie und somit eine weitere Verschlechterung des Gesundheitszustandes.[32]

Nachdem herausgearbeitet wurde, dass Werbemaßnahmen für Arzneimittel gegenüber der Öffentlichkeit stark reguliert und im Falle von verschreibungspflichtigen Arzneimitteln sogar gänzlich verboten sind, ist zu klären, wie der Gesetzgeber den Begriff der Werbung versteht, denn im Bereich des Heilmittelwerberechts hat sich bislang kein einheitlicher Werbebegriff durchsetzen können; vielmehr existiert eine Vielzahl unterschiedlicher Definitionsansätze sowie zahlreiche Auslegungs- und Abgrenzungsschwierigkeiten. Umso mehr muss es verwundern, dass der deut-

[27] Kleist, Albrecht, Hoffmann, § 11, Rn. 5 f.
[28] Vom Juli 2000 (BGBl. I S. 1045).
[29] Vgl. § 12 Abs. 1 HWG i.V.m. Anlage zu § 12.
[30] § 12 Abs. 1 i.V.m. § 2 HWG.
[31] Amtliche Begründung zum HWG, BT-Drucks. IV/1867, S. 5.

sche Gesetzgeber bislang keine Veranlassung dazu sah, hier eine Legaldefinition zu treffen.

3.3.1 Definitionsversuche durch das Schrifttum

Den Versuch einer allgemeinen Definition unternimmt Doepner[33], demzufolge Werbung eine Form der beeinflussenden Kommunikation ist, durch die versucht wird, Einstellungen und Verhaltensweisen der Adressaten im Sinne einer werblichen Zielsetzung zu verändern. Nach Gehring[34] hat die klassische Werbung als vorrangigen Zweck die Beeinflussung der Zielgruppen in eine für die Industrie günstige Richtung. Ihren primären Gegenstand sieht er in der direkten und indirekten Absatzförderung.[35]

Unter diese relativ weit gefassten Definitionen fällt neben der Absatzwerbung, die sich auf ein bestimmtes Produkt bezieht, auch die so genannte „allgemeine Vertrauenswerbung", die ohne einen konkreten Produktbezug (z.B. für das Unternehmen an sich etwa im Rahmen einer Imagekampagne) wirbt. Bei der Entscheidung über das Publikumswerbeverbot verzichtete der deutsche Gesetzgeber sogar bewusst darauf, den Begriff der Werbung zu definieren, da er diesen in anderen Rechtsgebieten genutzt wusste und dort keine Auslegungsschwierigkeiten aufgetreten waren. Nach dem Verständnis des deutschen Gesetzgebers umfasst die hier relevante Werbung alle Werbemaßnahmen, durch die der Absatz wirtschaftlicher Güter gefördert werden soll.[36] Somit ist klar, dass für die Vorschriften über Arzneimittelwerbung allein die produktbezogene Absatzwerbung Relevanz hat.[37] Die Unterscheidung zwischen Absatzwerbung und allgemeiner Vertrauenswerbung kann jedoch schwer fallen. Nach einhelliger Auffassung ist für eine Absatzwerbung zumindest eine eindeutige und erkennbare Bezugnahme auf ein oder mehrere Arzneimittel erforderlich. Anders ausgedrückt umfasst Absatzwerbung alle informationsvermittelnden und meinungsbildenden Aussagen, die darauf abzielen, die Aufmerksamkeit der (potentiellen) Patienten zu wecken und deren Entschlüsse mit dem Ziel der Förderung des Absatzes von Produkten, hier Arzneimitteln, zu beeinflussen. Ob die Bezugnahme auf ein konkretes Arzneimittel direkt oder indirekt erfolgt ist dabei unerheblich. Sobald die angesprochenen Verkehrs-

---

32 Doepner, HWG, § 12, Rn. 4; Hildebrandt, Heilmittelwerberecht, S. 55.

33 Doepner, HWG, § 12, Rn. 4.

34 Gehring, S. 111.

35 Ebenda.

36 Vgl. amtliche Begründung zum HWG, BT-Drucks. IV/1867, S. 5.

37 Doepner, HWG, § 10, Rn. 10; Rieß, Publikumswerbeverbot, S. 51.

kreise die Werbung auch auf ein konkretes Arzneimittel beziehen, liegt stets Absatzwerbung vor.[38]

3.3.2 Bildung von Fallgruppen zu Werbeaussagen durch die Rechtsprechung

In Deutschland haben sich die Gerichte wiederholt mit der Abgrenzung von Werbung und Information befasst. Die Rechtsprechung tendiert dabei häufig zur Bildung von Fallgruppen, auf die im Folgenden näher eingegangen werden soll:

3.3.2.1 Nennung des Wirkstoffs

Insbesondere bei Monopräparaten stellt die namentliche Erwähnung des Wirkstoffes eine Bezugnahme auf ein bestimmtes Arzneimittel dar.[39]
Demgegenüber ist bei bestimmten Gruppenbezeichnungen wie ätherischen Ölen ein Rückschluss auf ein bestimmtes Arzneimittel nicht möglich[40], ebenso wenig bei Kombinationspräparaten, wenn auf einen von mehreren Inhaltsstoffen hingewiesen wird. Die Rechtsprechung schließt zwar nicht aus, dass eine Bezugnahme auf eine Gruppe von Arzneimitteln erfolgen kann, doch muss die Gruppe hinreichend bestimmt oder bestimmbar sein. Ist die Gruppe zu groß oder zu unbestimmt, wirkt sich die Werbung nicht zugunsten des einzelnen Anbieters aus, weshalb in diesen Fällen keine indirekte Bezugnahme auf ein bestimmtes Arzneimittel vorliegt. Bei der Nennung des Wirkstoffes von in Entwicklung befindlichen Arzneimitteln ist eine Verletzung des Arzneimittelwerberechts ebenfalls zu verneinen. Solange das Präparat noch keinen Handelsnamen hat bzw. über dessen Zulassung noch nicht entschieden ist, kann dieses von Patienten auch nicht gekauft werden. Es besteht deshalb keine unmittelbare Gefahr, dass die Medikationswünsche des Patienten das Verschreibungsverhalten des Arztes beeinflussen könnten. Allerdings muss davon ausgegangen werden, dass bestimmte Heilungserwartungen geweckt und möglicherweise zu einem späteren Zeitpunkt gegenüber dem Arzt geltend gemacht werden.

---

[38] Rieß, Publikumswerbeverbot, S. 51.

[39] BGH GRUR 1991, 701 „Fachliche Empfehlung I"; OLG München, Pharma Recht 1989, 126; LG Hamburg, Pharma Recht 1986, 169.

[40] BGH Pharma Recht 1993, 84 ff. „Bronchocedin": „Bronchocedin Kräuterkapseln enthalten ätherische Öle wirksamer Heilpflanzen, die sich seit Jahrzehnten in der Bronchitis-Therapie bewährt haben" – indirekte Bezugnahme verneint.

3.3.2.2 Nennung der Indikation bzw. des medizinischen Anwendungsgebietes

Der alleinige Hinweis auf eine bestimmte medizinische Indikation ohne direkten Produktbezug ist als solcher keine indirekte Bezugnahme auf ein bestimmtes Arzneimittel. Dies trifft insbesondere bei einem relativ unbestimmten Anwendungsgebiet wie Empfängnisverhütung, Sportverletzung, Kopf-, Zahn- und Gliederschmerzen oder Erkältung zu.[41] Allenfalls ergibt sich die Bezugnahme in Verbindung mit weiteren Informationen, wie dem Namen oder dem Logo des Pharmaunternehmens.[42]

3.3.2.3 Nennung der Firma

Die namentliche Nennung eines Arzneimittelunternehmens gilt nicht als Werbung, wenn die Firma genannt wird, um in allgemeinem Zusammenhang für Arzneimittel des bestimmten Unternehmens zu werben. Auch bei generellen Aussagen über Qualität oder Preiswürdigkeit aller pauschal beworbenen Arzneimittel steht die Bewerbung der Unternehmensleistung im Vordergrund, weshalb eine produktbezogene Bewerbung einzelner Arzneimittel nicht gegeben ist. Daran vermag auch der Umstand nichts zu ändern, dass Unternehmenswerbung auch – zumindest indirekte – Produktwerbung ist.[43]

3.3.3 Sonderfall „Internetwerbung"

Fraglich ist jedoch, ob diese relativ weite Auslegung des Werbebegriffes einer Einschränkung bedarf, sofern es um die Veröffentlichung sachlicher Informationen im Internet geht.

Die Einstufung der auf einer Internetseite veröffentlichten sachlich richtigen Informationen über ein Arzneimittel – wie z.B. der Packungsbeilage, einer Abbildung der Verpackung oder weiterführender Informationen über Krankheitsbild, Indikation und Behandlung – als Werbung, erweckt bereits im Hinblick auf die Besonderheit der Kommunikationsstruktur des Internets folgende Bedenken:

Klassischerweise ist es der Werbende, der sich mit seinen Veröffentlichungen entweder an die Öffentlichkeit oder mehr oder weniger gezielt an einen bestimmten

---

41 GRUR 1995, 223 „Pharma-Hörfunkwerbung"; a.A.: OLG München, Pharma Recht 1989, 126.

42 BGH GRUR 1992, 871 „Femovan": Obwohl Empfängnisverhütung als Indikation und der Name des Unternehmens angegeben wurde, wurde Absatzwerbung verneint, da die Bedeutung der ärztlichen Beratung hervorgehoben wurde.

Personenkreis oder Einzelpersonen wendet (sog. „Push-Situation").[44] Bei der Veröffentlichung von Informationen über ein bestimmtes Arzneimittel im Internet stellt sich die Situation jedoch anders dar. Denn hier ist es der potentielle Verbraucher, der gezielt nach Informationen über ein bestimmtes Arzneimittel im Internet sucht, gegebenenfalls sogar den genauen Namen des Präparats kennen muss, um an die gewünschte Information zu gelangen (sog. „Pull-Situation").[45]

Auch das Bundesverfassungsgericht[46] betont die Besonderheit des Internets als „passive Darstellungsplattform", die in der Regel nur von interessierten Menschen aufgesucht wird und sich der breiten Öffentlichkeit nicht unvorbereitet aufdrängt. Ein Schutz der Bürger vor solchen Informationen ist daher nicht in gleicher Weise erforderlich wie im Falle „normaler" Werbung, die den Empfänger unvorbereitet und regelmäßig ungewollt trifft. Nach § 1 Abs. 5 HWG liegt auch keine verbotene Werbung vor, wenn die Informationen keinen Werbezwecken, sondern lediglich der Beantwortung einer konkreten Anfrage zu einem bestimmten Arzneimittel dienen. Aufgrund der besonderen Kommunikationsstruktur des Mediums „Internet" stellt z.B. die bloße Bereitstellung der Packungsbeilage im Internet eine vergleichbare Situation dar, sodass eine Gleichbehandlung nahe liegt. Es handelt sich eben nicht um die typische Werbesituation, in der ein Konsument ohne eigenes Zutun mit einer Werbebotschaft überflutet wird, sondern um eine Erkundigungs- bzw. Anfragesituation, in der der potentielle Verbraucher gezielt nach bestimmten Informationen sucht und in der ein Verbot, ihm diese Informationen zur Verfügung zu stellen, weniger den Charakter eines Schutzes als vielmehr den Effekt hat, ihm diese von ihm selbst gewünschten Informationen vorzuenthalten. Schon aus dieser Perspektive erschient eine Einordnung der Abrufbarkeit der Packungsbeilage und vergleichbarer Informationen im Internet als Werbung nicht gerechtfertigt.[47]

---

43 BGH GRUR, 1992, 873 „Pharma-Werbespot"; GRUR 1983, 393 ff., 394 „Novodigal/temagin", verneint auch für „Kneipp Pflanzensaft verschiedene Sorten", vgl. BGH GRUR 1983, 597 ff., 598.

44 Willi, in: Pharma Recht 2007, S. 412 (421).

45 Willi, in: Pharma Recht 2007, S. 412 (421).

46 BVerfGE 2003, 3470. Auf dieser Linie liegen auch: BGH, NJW 2004, 440, 441; sowie Steinbeck, in: NJW 2003, 1481 ff., 1482 f.

47 Vgl. Lorz, in: GRUR Int. 2005, S. 894 (896); Willi, in: Pharma Recht 2007, S. 412, (421).

4. Erhöhtes Informationsbedürfnis der Patienten

4.1 Patientenbild im Wandel

Vor den 1980er Jahren herrschte das paternalistische Modell der Arzt-Patienten-Beziehung vor. Dieses gänzlich auf ärztliche Autorität gestützte Modell erwies sich zunehmend als nicht mehr zeitgemäß. Im paternalistischen Modell behandelt der Arzt den Patienten gemäß dem Status eines weitgehend unmündigen Kranken, was mit einer Reihe von vorübergehenden Erleichterungen und Entpflichtungen verbunden ist. Im Gegenzug ist der Patient dazu verpflichtet, dem ärztlichen Regime kritiklos zu folgen, um wieder gesund zu werden. Dieses Modell weist dem Patienten eine passive, abhängige Rolle gegenüber dem Arzt zu.[48] Der Arzt war berechtigt in väterlich fürsorglicher Weise für seinen Patienten zu entscheiden, zur Not auch gegen dessen Willen. Eine gleichberechtigte Kommunikation fand in diesem Modell praktisch nicht statt, denn der Patient hatte sich dem Arzt bedingungslos anzuvertrauen.[49]

Dem paternalistische Modell liegen folgende Annahmen zu Grunde[50]:
Für die meisten Krankheiten gibt es eine einzige beste Behandlungsmöglichkeit. Der Arzt kennt diese Möglichkeit und wendet sie am Patienten an. Ärzte können auf Grund ihrer Erfahrung und Expertise am besten den Abwägungsprozess durchführen. Ärzte sind wegen ihrer professionellen Sorge und der ethischen Verpflichtung des Berufsstandes zur Entscheidung legitimiert. Auf Grund dieser Annahmen erwarteten sowohl Ärzte als auch Patienten, dass der Arzt eine dominierende Rolle einnimmt, wozu die Statusunterschiede zusätzlich beitragen.[51]
In jüngerer Zeit wollen viele Patienten mehr Informationen über Arzneimittel und außerdem in Entscheidungen, die ihre eigene Gesundheit betreffen, eingebunden werden.[52] Die Ansprüche des Patienten an die Mitbestimmung bei seiner Therapie sind gestiegen, immer mehr Patienten möchten als gleichberechtigte Partner an der eigenen Behandlung teilnehmen. Einer von Heidi Hohensohn[53] zitierten Studie aus dem Jahre 2002 zufolge überlassen nur 25% aller Patienten am liebsten dem Haus-

---

48 Klemperer, S. 11.
49 Barth, Mediziner-Marketing, S. 158.
50 Siehe Darstellung von: Klemperer, S. 11.
51 Klemperer, S. 11.
52 Dies zeigt auch eine empirische Studie über die Beteiligung und die Beteiligungswünsche der Patienten an ärztlichen Behandlungsentscheidungen, vgl. Hohensohn, S. 78 ff.; Rieß, Publikumswerbeverbot, S. 30.
53 Heidi Hohensohn, Patientenorientiertes Pharmamarketing S. 125 f.

arzt allein die Entscheidung über ihre Therapie, 52% wünschen sich eine Diskussion und gemeinsame Entscheidung, 15% möchten im Anschluss an die ärztliche Beratung allein entscheiden. Nach einer Studie aus dem Jahre 1993 wollten sogar 82,8% der befragten Patienten zumindest zeitweilig an den Entscheidungen über ihre Therapie beteiligt werden.[54] Wenn dies so ist, muss aber dem Patienten die Möglichkeit gegeben werden, sich umfassend und gegebenenfalls auch vorab zu informieren. Der Patient muss also in die Lage versetzt werden, beurteilen zu können, was die konkret vorgesehene Behandlung für ihn persönlich bedeuten kann.[55] Laut einer repräsentativen Umfrage, die von dem Medien- und Sozialforschungsinstitut *TNS Emnid* durchgeführt wurde, sieht allerdings ein Drittel der Patienten die Informationsmöglichkeiten über Arzneimittel für unzureichend an.[56]

Die Mehrzahl der Patienten wünscht mehr und andere Informationen als sie vom Arzt erhält. Viele Patienten sind dazu bereit, eine aktivere Rolle im Umgang mit ihrer Krankheit zu spielen. Dazu möchten sie stärker als bisher an Entscheidungen beteiligt werden. Aber auch die Patienten, die sich nicht an der Entscheidung beteiligen wollen, wünschen sich mehr Informationen. Patienten mit einer passiven Haltung können durch geeignete Informationsanbote zur Übernahme einer aktiveren Rolle motiviert werden. Vor allem Patienten mit chronischen Erkrankungen sind sehr gut dazu in der Lage, ihre Krankheit selbst zu managen und wollen nicht weiter die passiven Empfänger medizinischer Leistungen sein. Gut ein Fünftel sucht auch nach Informationen über alternative Heilverfahren und Gesundheitsvorsorge (siehe Abb. 1). Informationen über Krankenkassen, Ärzte und Krankenhäuser sind dagegen von geringerem Interesse. Ein Drittel der Deutschen sucht überhaupt nicht nach Informationen zu Gesundheitsthemen.[57]

Nimmt man den Patienten als mündigen Menschen ernst, so muss ihm auch die Möglichkeit eingeräumt werden, über seinen Behandlungsverlauf mit zu entscheiden und die Behandlungsmethoden des Arztes – soweit das einem Laien möglich ist – zu kontrollieren.[58] (vgl. Abb. 1)

---

54 Ebenda.
55 BMGS (2005e), S. 12.
56 Vgl. Grünert, 2004, S. 1.
57 Bertelsmann Stiftung, Shared Decision Making, S. 23.
58 Lorz, in: GRUR Int. 2005, S. 894 (S. 898).

Abb. 1: Worüber informieren sich Patienten?

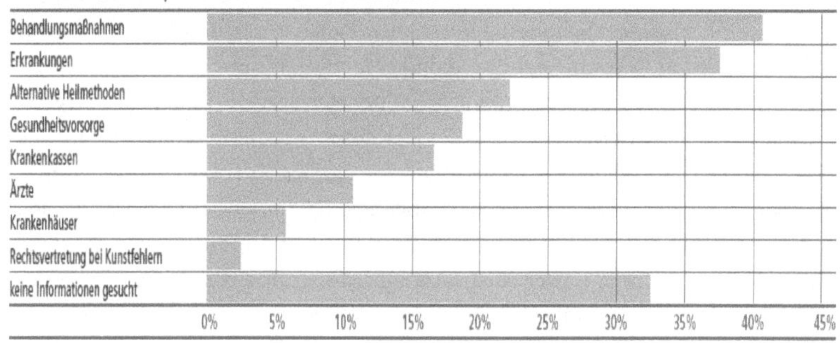

Quelle: Bertelsmann Stiftung, Shared Decision Making, Chartbook S. 23

4.2 Gründe für den Wandel der Arzt-Patient-Beziehung

Die Gründe für die zunehmende Emanzipation der Patienten und den entsprechenden Wandel der Arzt-Patient-Beziehung sind unterschiedlicher Natur.

4.2.1 Stärkung der Patientenrechte

Die wachsende Verbraucherbewegung, die ausgehend von den USA auch in Europa angekommen ist und zu einer stärkeren Institutionalisierung von Patientengruppen geführt hat, zeigt sich auch in der Gesetzgebung. So hat die von den Patienten gewünschte Gleichberechtigung ihren Niederschlag in einer rechtlichen Gleichstellung gefunden, die als Patientenrechte niedergelegt sind. Diese untersagen eine Entscheidung ohne umfassende Information des Patienten durch den Arzt, und dem Arzt droht Strafe bei Zuwiderhandlung. Die informierte Entscheidung (informed consent) ist damit ethisch und juristisch als Patientenrecht etabliert und erfordert mit der Zustimmung des Patienten zumindest ein Minimum an Einbezug des Patienten. Darüber hinaus strebt die moderne Verbraucherrechtsbewegung ein höheres Maß an Autonomie und Kontrolle von Seiten des Patienten an und versucht durch vermehrte Eigeninformation die Asymmetrie in der Kommunikation zwischen Arzt und Patient zu vermindern.[59]

---

[59] Klemperer, S. 10.

Derartige Patientenrechte dienen dem Schutz des Patienten, da dieser in seiner Position durch Krankheit, Abhängigkeit und unterlegenes Wissen benachteiligt ist. Neben dieser klassischen Schutzfunktion haben Patientenrechte zugleich eine Mitgestaltungsfunktion bekommen. Dem mündigen, mitbestimmenden Bürger im politischen Bereich entspricht der mündige, mitentscheidende Patient im direkten Beziehungsgefüge zwischen Arzt und Patient sowie im Gesundheitswesen insgesamt. Als Patient ist jeder als aktueller oder potentieller Nutzer einer gesundheitsorientierten Dienstleistung anzusehen, unabhängig davon, ob er noch gesund oder schon krank ist. Der Patient ist daher mündiger Bürger und kritischer Verbraucher in Personalunion.[60] Dabei ist der Anspruch auf Information das notwendige Komplementärstück zum Selbstbestimmungsrecht des Patienten.[61]

Die Rechte des Patienten in der individuellen Beziehung zu seinem Arzt werden hierzulande allgemein als hoch entwickelt anerkannt. Mehrere Untersuchungen jüngeren Datums gelangen zu dem Ergebnis, dass die Bundesrepublik „mit den bestehenden Patientenrechten mit erheblichem Vorsprung eine Spitzenstellung in den Ländern der Europäischen Union" inne hat. Und dies, obwohl es in Deutschland keine speziellen Regelungen gibt, sondern die Patientenrechte traditionell über die gesamte Rechtsordnung verteilt sind.[62] Die richterliche Spruchpraxis hat in den vergangenen Jahrzehnten allgemeine Normen des Verfassungs- und Deliktsrechts zu Patientenschutzrechten entwickelt, indem sie die vorhandenen, allgemeinen Rechtsgrundsätze interpretierte, modifizierte und entsprechend den jeweils vorherrschenden Anschauungen und sozialen Bedürfnissen in einem breiten Strom der Erkenntnisse beständig fortbildete. Die wesentlichen Maßgaben ärztlicher Berufsausübung wurden unabhängig von der Gesetzgebung durch die Judikatur formuliert, so die Anforderungen an die Sorgfalt bei der Behandlung, die Pflicht zur Achtung des Selbstbestimmungsrechts des Patienten und daher angemessener Aufklärung vor dem Eingriff, die Pflicht zur Dokumentation, sowie zur Einsichtsgewähr in die Krankenunterlagen und die Anerkennung zur Ersatzfähigkeit bestimmter Schäden.[63]

Zwar bedeutet das Fehlen spezieller Regelungen rein rechtlich kein Defizit. Die allgemeinen Normen des Vertrags- und des Deliktsrechts haben sich als valide und

60 Barth, Mediziner-Marketing, S. 163.

61 Barth, Mediziner-Marketing, S. 165.

62 Christian Katzenmeier, Referat auf dem 112. Deutschen Ärztetag „Patientenrechte in Zeiten der Rationierung" 20.05.2009, S. 2, abrufbar unter: http://www.bundesaerztekammer.de/downloads/DAET2009RefKatzenmeier.pdf

63 Ebenda.

flexibel zugleich erwiesen, indem sie eine Fortschreibung der Arztpflichten und Patientenrechte entsprechend den Entwicklungen in der Medizin und den Anschauungen in der Gesellschaft erlauben.[64] Allerdings ist zu betonen, dass gerade auch in der medizinischen Behandlungssituation der Wert eines Rechts maßgeblich von der Kenntnis der Beteiligten abhängt. Diese Erkenntnis hat in den letzten Jahren international einen Trend zur Kodifikation von Patientenrechten ausgelöst. Zu verzeichnen ist eine Entwicklung, die abkehrt von der mittelbaren Begünstigung des Patienten über Pflichten Dritter und sich dem Auf- und Ausbau eigenständiger subjektiver Rechte zuwendet.[65]

In Deutschland beschlossen die für das Gesundheitswesen zuständigen Minister und Senatoren der Länder auf ihrer 72. Konferenz im Juni 1999 einstimmig eine Deklaration, die den Titel trägt „Patientenrechte in Deutschland heute". Das Dokument will Patienten und Versicherte über ihre wichtigsten Rechte und Pflichten informieren, gleichzeitig Ärzten, Zahnärzten, Pflegekräften und Psychotherapeuten sowie Mitarbeitern aus Gesundheitsfachberufen bei der täglichen Arbeit als Orientierungshilfe dienen.[66] Durch die Information über bestehende Patientenrechte soll deren tatsächliche Umsetzung in die Alltagspraxis medizinischer Behandlung gefördert und so die Position des Patienten im Gesundheitswesen gestärkt werden. Das beiden Seiten leicht zugängliche und verständliche Dokument will das kooperative Gespräch ermöglichen und damit zur Entwicklung einer vertrauensvollen, partnerschaftlichen Arzt-Patient-Beziehung beitragen. Neues Recht wurde dadurch nicht geschaffen, die Kodifikation hat keine konstitutive sondern eher deklaratorische Bedeutung und weniger einen rechtlichen als einen appellativen Charakter. Sie zielt auf eine so genannte „Rechtsbewußtseinsschaffung".[67]

Nach Verabschiedung der Deklaration kam die Diskussion um Absicherung, Kodifikation und Stärkung von Patientenrechten für einige Jahre etwas zur Ruhe. Jüngst aber nahm sie wieder Fahrt auf und ist aktuell in vollem Gange.[68] Am 02.07.2008 hat die Europäische Kommission von ihrem Initiativrecht nach

---

64 Ebenda.

65 Christian Katzenmeier, Referat auf dem 112. Deutschen Ärztetag „Patientenrechte in Zeiten der Rationierung" 20.05.2009, S. 2, abrufbar unter: http://www.bundesaerztekammer.de/downloads/DAET2009RefKatzenmeier.pdf

66 Dokument abrufbar unter: http://www.igmr.uni-bremen.de/deutsch/projekte/patientenrechte-neu.pdf

67 Christian Katzenmeier, Referat auf dem 112. Deutschen Ärztetag „Patientenrechte in Zeiten der Rationierung" 20.05.2009, S. 2, abrufbar unter: http://www.bundesaerztekammer.de/downloads/DAET2009RefKatzenmeier.pdf

68 Ebenda

Art. 250 EGV Gebrauch gemacht und dem Europäischen Parlament und dem Rat einen Vorschlag für den Erlass einer Richtlinie[69] im Bereich der grenzüberschreitenden Krankenbehandlung vorgelegt, der in einer ersten Lesung am 23.04.2009 vom Europäischen Parlament mit Änderungen gebilligt worden ist.[70] Im November 2008 hatte die EU-Kommission angekündigt, die Rechte von Patienten ganz allgemein zu verbessern und europaweite Mindeststandards zu schaffen. Der Entschluss wurde gefasst, nachdem die EU-Gesundheitskommissarin *Vassiliou* vermeldete, jede zehnte Behandlung sei europaweit fehlerhaft, und die EU-Mitgliedsstaaten aufgefordert hatte, im Falle von medizinischen Behandlungsfehlern Klagen zu erleichtern und eine Entschädigung sicherzustellen.[71] Im Zuge dessen plant der nationale Gesetzgeber nun den Erlass eines „Patientenschutzgesetzes". Die Patientenbeauftragte der damaligen Bundesregierung *Kühn-Mengel* hat zu diesem Zweck im November 2007 eine parlamentarische Arbeitsgruppe einberufen. Ihr Ziel war es, ärztlichem Paternalismus entgegenzuwirken, indem Patientinnen und Patienten ihre Rechte in einem Gesetz übersichtlich zusammengefasst nachlesen können.[72] Eine ähnliche Richtung ist auch von dem im November 2009 ernannten neuen Patientenbeauftragten *Wolfgang Zöller* zu erwarten. Auf seiner Internetseite ist zu lesen, er werde „*insbesondere darauf hinwirken, dass das Recht der Patienten auf Beratung und Information sowie auf Beteiligung bei Fragen der Sicherstellung der medizinischen Versorgung berücksichtigt wird*[73]" und gegenüber der Zeitschrift *Focus* kündigte Zöller ebenfalls die Schaffung eines Patientengesetzes an.[74] Die jüngst zunehmend erhobenen Forderungen nach einem „Patientenschutzgesetz" sind ein Beleg dafür, dass die Rechte der Patienten und ihre Rechtsgüter (Leben, körperliche Integrität, Gesundheit) aktuell als bedroht angesehen werden.[75]

---

69 KOM(2008)414. Der Richtlinienentwurf ist abrufbar unter: http://ec.europa.eu/health/ph_overview/co_operation/healthcare/crossborder_healthcare_en.htm

70 Die geänderte Richtlinie P6_TA (2009)0286 ist abrufbar unter: http://www.europaparl.europa.eu

71 Siehe Bericht der Süddeutschen Zeitung „Mehr Beschwerden über Ärztefehler", abrufbar unter: http://www.sueddeutsche.de/wissen/403/471933/text/

72 Eckpunkte des Programms sind abrufbar unter: http://www.kuehn-mengel.de/fileadmin/images/Startseite/Eckpunkte-Patientenrechtegesetz.pdf

73 Siehe Internetpräsenz von Wolfgang Zöller, unter: http://www.patientenbeauftragte.de/

74 Siehe Artikel im Focus, unter: http://www.focus.de/magazin/kurzfassungen/focus-interview-mit-dem-neuen-patientenbeauftragten-der-bundesregierung-die-budgetierung_aid_467246.html

75 Christian Katzenmeier, Referat auf dem 112. Deutschen Ärztetag „Patientenrechte in Zeiten der Rationierung" 20.05.2009, S. 3, abrufbar unter: http://www.bundesaerztekammer.de/downloads/DAET2009RefKatzenmeier.pdf

Eine Ausformulierung und Kodifikation von Patientenrechten würde dem Patienten helfen, seine Rechte zu kennen und aktiv wahrzunehmen und das Rollenverständnis der im Gesundheitswesen Tätigen entscheidend ändern.[76]

4.2.2 Individuelle Faktoren

Über den gesellschaftlichen Trend der Stärkung der Patientenrechte hinaus trugen individuelle Faktoren dazu bei, die Angemessenheit des paternalistischen Modells in Frage zu stellen:
Häufig bestehen unterschiedliche Behandlungsoptionen mit unterschiedlichen möglichen Ergebnissen, ohne dass eine dieser Optionen die eindeutig beste ist. So gibt es oft mehrere medizinische Lösungen mit unterschiedlichen Abwägungsmöglichkeiten des Für und Wider. Es liegt nahe, dass in einem solchen Fall dem Patienten als demjenigen, der mit den Konsequenzen der Entscheidung zu leben hat, eine angemessene Beteiligung an der Entscheidungsfindung zukommt. Die Notwendigkeit des Einbezugs des Patienten kann aus dem Umstand abgeleitet werden, dass Symptome gleicher Stärke durch unterschiedliche Patienten unterschiedlich wahrgenommen werden und in unterschiedlichen Lebenssituationen eine völlig unterschiedliche Bedeutung haben können. Das gleiche Maß an Symptomen kann unterschiedliche Ausmaße an Leiden hervorrufen. Das gleiche Maß an funktioneller Einschränkung kann unterschiedliche Bedeutungen haben wegen der Unterschiede in den Präferenzen, Erwartungen und Lebensumständen der Patienten. In solchen Fällen gibt es demzufolge keine objektiv richtige Entscheidung. Die subjektive Seite des Patienten muss deshalb Teil der Entscheidungsfindung werden, um zu einer für den Einzelnen passenden Lösung zu kommen.[77]

4.2.3 Gesundheitsökonomische Faktoren

Auch die Sorge um steigende Kosten in Verbindung mit Qualitätsproblemen in der gesundheitlichen Betreuung führten zu der Forderung nach "Beurteilung und Rechenschaftslegung" (assessment and accountability) der Medizin gegenüber den Patienten und der Öffentlichkeit. Da Patienten zunehmend selbst Arzneimittelkosten tragen müssen, wird die Entscheidung für ein bestimmtes Medikament mehr und mehr zu einer Kaufentscheidung. Seit einigen Jahren besteht in der Politik die generelle Tendenz, die Selbstverantwortung als zusätzliche Komponente neben

[76] Barth, Mediziner-Marketing, S. 165
[77] Klemperer, S. 10.

dem Solidarprinzip zur Geltung kommen zu lassen.[78] So soll dem Patienten durch die Kostenbeteiligung in steigendem Maße Eigenverantwortung für seine Gesundheit und soziale Absicherung zugewiesen werden. Somit ist es künftig immer mehr dem Patienten überlassen, sich über das Preis-Leistungs-Verhältnis von Arzneimitteln Gedanken zu machen, da sie auch von der Arzneimittelverordnungsentscheidung selbst wirtschaftlich betroffen sind. Die Beurteilung der Angemessenheit von Arzneimittelpreisen, besonders im Vergleich zueinander, ist aber nur möglich, wenn Informationen über die wertbildenden Merkmale der zu beschaffenden Arzneimittel wie Wirksamkeit, Verträglichkeit, Anwenderfreundlichkeit usw. verfügbar sind. Aus Sicht des Patienten ergibt sich deshalb tendenziell zunehmend die Notwendigkeit, die Entscheidung über die Beschaffung eines Arzneimittels, an deren Kosten sie beteiligt werden, rational zu fundieren.[79] Bei rezeptpflichtigen Arzneimitteln ist allerdings einschränkend anzumerken, dass die Preiselastizität der Nachfrage nur eine bedingte Rolle spielt, da die Zuzahlung auch bei preislich stark differierenden Arzneimitteln für den Patienten, von der Packungsgrößenregelung abgesehen, gleich bleibt. Stehen dem Patienten zur Behandlung mehrere gleichartige, aber preislich stark differierende Arzneimittel zur Verfügung (so vor allem bei Original- und Nachahmerprodukt, sofern der Differenzbetrag ebenfalls durch den Patienten getragen werden muss), wird das Informationsbedürfnis des Patienten besonders deutlich. Erscheinen beide Produkte zur Behandlung des Patienten prinzipiell geeignet, so muss der Patient entscheiden, welches Arzneimittel er bezahlen möchte. Mit steigender Höhe der Zuzahlungen bzw. der Zahlungen des Differenzbetrages zwischen einem Festpreis und dem Produktpreis wird dem Patienten diese Entscheidung schwerer fallen.[80] Um zwischen Vor- und Nachteilen zweier oder mehrerer Produkte aus eigener Kenntnis abzuwägen, benötigt der Patient Informationen über diese Produkte, denn „nur gut informierte Patientinnen oder Patienten können eigenständig urteilen und entscheiden und ihren Teil der Verantwortung für ihre Gesundheit übernehmen."[81]

Nur wer zuvor Informationen eingeholt und ausgewertet hat, kann sachgerechte Entscheidungen fällen.[82] Allerdings ist anzumerken, dass dies nur der Fall ist, wenn der Patient in der Lage ist, die gefundenen Informationen zu verstehen und auch abwägend zu bewerten. Fraglich ist, inwiefern einem medizinischen Laien dies

---

78 Vgl. Hohensohn, S. 7.
79 Rieß, Publikumswerbeverbot, S. 27.
80 Rieß, Publikumswerbeverbot, S. 28.
81 BMGS (2004a), S. 7.
82 Hohensohn, S. 46; Rieß, Publikumswerbeverbot, S. 29.

möglich ist. Hier besteht grundsätzlich die Gefahr, dass die schon jetzt vorhandene Zweiklassenmedizin verschärft wird, da höher Gebildete unter Umständen auch eine größere Chance haben, Informationen selbständig bewerten und in die eigene Entscheidung einzubeziehen.

5. Das Modell des Shared-Decision-Making

Vor dem Hintergrund des geänderten Patientenleitbildes scheint die Beteiligung von Patienten an medizinischen Entscheidungen notwendig zu sein. Dies stößt in den Arztpraxen jedoch auf Schwierigkeiten, weil die Realisierung der Informationswünsche der Patienten eine Abkehr von den stark verbreiteten paternalistischen und direktiven Formen der Arzt-Patienten-Kommunikation darstellen und damit unter Umständen einen höheren Zeitaufwand erfordert. Darüber hinaus fordert Patientenbeteiligung die Bereitschaft des Arztes, die Beziehung zum Patienten partnerschaftlich zu gestalten und Entscheidungsmacht abzugeben. Die zunehmende Tendenz zur Stärkung der Position des Patienten im Gesundheitswesen findet ihren Ausdruck nicht zuletzt in der Erforschung, Entwicklung und Implementation von Modellen und Konzepten der medizinischen Entscheidungsfindung (medical decision making). Diese Konzepte werden mit verschiedenen Begriffen umschrieben, die jedoch eine ähnliche inhaltliche Ausrichtung aufweisen:[83]

- *patient-centered care,*
- *informed choice,*
- *informed decision making,*
- *shared decision making (SDM)*
- *evidence-based patient choice*

5.1 Definition und Beschreibung des „Shared Decision Making"

Shared Decision Making (SDM) ist ein Modell der partnerschaftlichen Arzt-Patient-Beziehung, die durch einen gemeinsamen und gleichberechtigten Entscheidungsfindungsprozess gekennzeichnet ist.[84]
Dieses Modell bezeichnet eine Form der Arzt-Patient-Kommunikation, die zum Ziel hat, den Wunsch des Patienten nach Beteiligung an den Entscheidungen über sein Gesundheitsproblem zu realisieren. Arzt und Patient kommunizieren auf einer partnerschaftlichen Ebene über die objektiven und subjektiven Aspekte einer anstehenden Entscheidung. Diese Entscheidung kann aus zwei oder mehreren Optionen bestehen, wobei eine davon auch beobachtendes Abwarten sein kann.[85]

---

[83] Vgl. Aufzählung bei: Klemperer, S. 6.
[84] Bertelsmann Stiftung, Shared Decision Making, S. 5.
[85] Bertelsmann Stiftung, Shared Decision Making, S. 5.

Das Shared Decision Making-Modell zur medizinischen Entscheidungsfindung ist das Ergebnis einer längeren Entwicklung, die durch die Bürgerrechts- und Konsumentenbewegung in den 1960er Jahren initiiert wurde. Das stark paternalistisch geprägte Entscheidungsverhalten in der Medizin wurde nicht mehr bedingungslos akzeptiert und die Bedeutung der Subjektivität des Patienten rückte stärker ins Blickfeld. Ausgehend von der Beschreibung eines biopsychosozialen Modells bildete sich das Konzept einer patientenzentrierten Medizin heraus. Die Entwicklung des Shared Decision Making-Modells im engeren Sinn begann in den 1990er Jahren.[86] Mittlerweile handelt es sich um das am weitesten entwickelte und operationalisierte Konzept der Patientenbeteiligung.[87]

5.2 Abgrenzung zu anderen Modellen

In der Medizinsoziologie wird zwischen drei grundlegenden Modellen der Arzt-Patient-Beziehung unterschieden. Das am stärksten verbreitete Modell ist das oben bereits beschriebene *paternalistische Modell*, bei dem der Arzt allein entscheidet, welche Behandlung der Patient erhält.

Das *informative Modell* wird auch als Konsumenten-Modell[88] bezeichnet. Die Aufgabe des Arztes besteht darin, dem Patienten alle medizinischen Informationen zur Verfügung zu stellen, damit dieser eine informierte Entscheidung treffen kann. Dazu gehören Informationen über die Krankheit und die Behandlungsmöglichkeiten mit ihren Chancen und Risiken. Den Abwägungsprozess durchläuft der Patient allein, indem er vermitteltes und erfahrungsbasiertes Wissen zusammenführt. Der Arzt setzt anschließend um, was der Patient auf Grund der ihm zur Verfügung gestellten Informationen entschieden hat. Das informative Modell geht weiterhin davon aus, dass der Patient feststehende, ihm bekannte und bewusste Werte verinnerlicht hat, die in die Abwägung und Entscheidung einfließen.[89] Etwaige Unsicherheiten oder mögliche Veränderungen der Präferenzen im Rahmen eines Prozesses der Reflektion und Abwägung, an dem auch andere Personen beteiligt sein können, sind nicht Teil des informativen Modells. Der Arzt erfüllt eher die Rolle eines Technikers, der für angemessene Informationen zu sorgen hat. Die Integration und Verarbeitung der Informationen sind auf die spezifischen Lebensumstände und Werte des Patienten abgestimmt, die letztendliche Entscheidung voll-

---

86 Bertelsmann Stiftung, Shared Decision Making, S. 5; ausführliche Darstellung siehe bei: Klemperer, S. 7 ff.

87 Bertelsmann Stiftung, Shared Decision Making, S. 5.

88 So: Charles et al.1999.

89 Bertelsmann Stiftung, Shared Decision Making, S. 5; Klemperer, S. 14.

zieht dieser allein. Das informative Modell geht auch von der Annahme aus, dass nur der Patient die beste Entscheidung treffen kann, vorausgesetzt, er verfügt über die aktuellen wissenschaftlichen Informationen bezüglich seiner Krankheit und deren Behandlungsmöglichkeiten. Der Arzt hat sich aus der Abwägung und aus der Entscheidung herauszuhalten, denn seine Interessen können sich von denen des Patienten unterscheiden, und dem Patienten kann ein Schaden entstehen, wenn die Interessen des Arztes in Abwägung und Entscheidung einfließen.[90]

Vom paternalistischen und informativen Modell der Arzt-Patient-Kommunikation ist das *Shared Decision Making (SDM)-Modell* anhand der drei Bereiche Informationsfluss, Abwägen und Entscheidung (siehe Abb. 2) abzugrenzen. Das SDM-Modell ist gekennzeichnet durch eine nahezu gleichberechtigte Interaktion zwischen Arzt und Patient, gegenseitige Information, gemeinsames Abwägen und gemeinsames Entscheiden. Der Patient informiert dabei den Arzt auch über seine subjektiven behandlungsrelevanten Bedürfnisse und Präferenzen.[91]

Abb. 2: Modelle medizinischer Entscheidungsfindung

Analytical stages	**Models**	**Paternalistic**	**Shared**	**Informed**
Information exchange	Flow Direction Type Amount**	One way (largely) Physician → Patient Medical Minimal legally required	Two way Physician →← patient Medical and personal All relevant decision-making	One way (largely) Physician → patient Medical All relevant decision-making
Deliberation		Physician alone or with other physicians	Physician and patient (plus potential others)	Physician and patient (plus potential others)
Deciding on treatment to implement		Physicians	Physician and patient	Patient

** Minimum required

Quelle: Charles at al. 1999, S. 653.

90 Bertelsmann Stiftung, Shared Decision Making, S. 6; Klemperer, S. 14.

91 Klemperer, S. 17; Bertelsmann Stiftung, Shared Decision Making, S. 6.

5.3 Vorteile und Effekte des SDM

Die Information als ein entscheidendes Kommunikationselement des SDM-Prozess und die Beteiligung von Patienten an Entscheidungen können zu einer besseren Entscheidungsqualität und zu besseren Ergebnissen bezüglich Behandlungswahl, Therapietreue sowohl bei psychischen als auch bei somatischen Erkrankungen führen.[92] Dies belegen u. a. Studien über die Behandlung von Patienten mit erhöhtem Blutdruck[93] oder über den unterschiedlichen Abwägungsprozess beim Einsatz von Antikoagulantien bei der Behandlung von Vorhofflimmern[94].
Vor allem im anglo-amerikanischen Bereich bemüht man sich seit Jahren auch darum, die Patientenbeteiligung in der ärztlichen Sprechstunde zu intensivieren. In einer kürzlich im "Deutschen Ärzteblatt" veröffentlichten Literaturrecherche[95], die ihrerseits nur Übersichtsarbeiten berücksichtigt hat, wurde eine Bilanz versucht, ob und in welcher Hinsicht solche Maßnahmen zur Stärkung der partizipativen Entscheidungsfindung erfolgreich sind. Unterschieden werden von den Autoren dabei drei Vorgehensweisen:

1. Aus-, Fort- und Weiterbildungsmaßnahmen für Medizinstudenten und Ärzte, bei denen in Kursen oder Seminaren Kommunikationsfertigkeiten erläutert und auch trainiert werden, damit Ärzte ihre Patienten dazu ermuntern, sich bei medizinischen Entscheidungen stärker zu beteiligen

2. Medizinische Entscheidungshilfen (sog. "Decision Aids", siehe Abb. 3), gedruckte Materialien oder auch audio-visuelle Medien für Patienten, die über die Erkrankung und die Vor- und Nachteile unterschiedlicher Therapieformen informieren, sodass der Patient im Gespräch mit dem Arzt über bessere Kenntnisse verfügt.

3. Patienten- und Multiplikatorenschulungen: Schulungen und Weiterbildungsmaßnahmen, die Gesprächs- und Handlungskompetenzen bei Patienten aufbauen sollen.

---

92 Bertelmann Stiftung, Shared Decision Making, S. 14.

93 McAlister et al. (2000), Steel (2000).

94 Protheroe et al. (2000).

95 Loh/Simon/Kriston/Härter, in: Deutsches Ärzteblatt 2007, S. 104 (21): A 1483-8; Zusammenfassung der Studie von Marstedt, unter: http://forum-gesundheitspolitik.de/artikel/artikel.pl?artikel=0712

Abb. 3: Entscheidungshilfe für alternative Behandlungsmöglichkeiten bei Rückenschmerzen

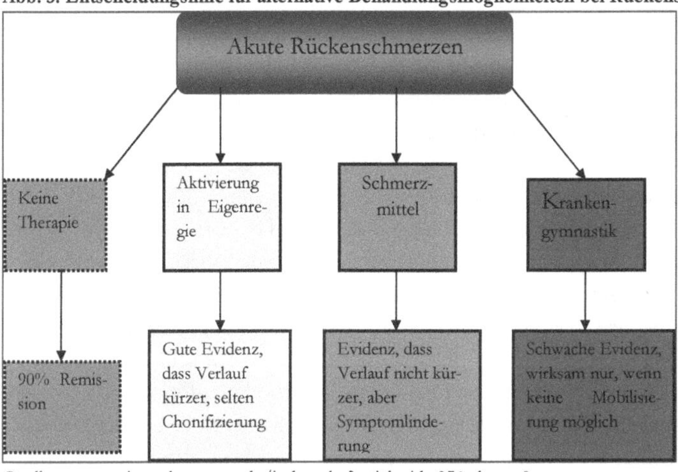

Quelle: www.patient-als-partner.de/index.php?article_id=35&clang=0

Für die Auswertung der Forschungsbefunde wurden zehn systematische Übersichtsarbeiten berücksichtigt, die sich auf insgesamt 256 randomisierte kontrollierte Studien beziehen. Die Literaturübersicht geht allerdings nicht auf Details der Forschungsbefunde ein bzw. stellt Vorgehensweisen und Ergebnisse nur in einer tabellarischen Übersicht dar.[96] Als Fazit wird jedoch hervorgehoben, dass die untersuchten Maßnahmen in vielerlei Hinsicht dabei erfolgreich sind, eine stärkere Involvierung von Patienten in Prozesse des Shared Decision Making zu bewirken. Die Autoren fassen dies so zusammen: "Die Interventionen bewirkten

- eine Zunahme des Wissens
- eine realistischere Erwartung über Behandlungsverläufe
- eine aktivere Beteiligung am medizinischen Behandlungsprozess
- eine Verringerung von Entscheidungskonflikten und eine Abnahme der Unentschlossenheit der Patienten gegenüber Behandlungen,
- eine Verbesserung der Arzt-Patienten-Kommunikation und der Risikowahrnehmung der Patienten" (siehe Abb. 4).

---

[96] Marstedt unter: http://forum-gesundheitspolitik.de/artikel/artikel.pl?artikel=1265

Zu einem ähnlich positiven Ergebnis kommt eine Literaturstudie[97] englischer und niederländischer Wissenschaftler, die eine Reihe bereits veröffentlichter Untersuchungen über die Effekte von Shared Decision Making ausgewertet und zusammengefasst haben. Berücksichtigt wurden dabei nur Studien mit hohem methodischem Niveau, d.h. randomisierte Kontrollstudien ("RCTs"), also Verlaufsstudien mit einer Kontrollgruppe (mit gleicher Erkrankung, aber ohne partizipative Entscheidungsfindung) und zufälliger Einteilung der Teilnehmer. Einbezogen wurden nach einer systematischen Literatursuche insgesamt 11 Studien, die sich - wie in solchen Metastudien nicht anders zu erwarten - in einer Vielzahl von Aspekten deutlich unterscheiden. Die Zahl einbezogener Patienten variierte zwischen knapp 50 und 750, bei den Krankheiten fanden sich Herzerkrankungen ebenso wie Krebs oder Depressionen. Auch die Information der Patienten war sehr unterschiedlich, teils gab man ihnen sog. "Entscheidungshilfen" in Broschürenform oder als Video, teils auch nur ärztliche Informationen. Die Wissenschaftler hoben in der Diskussion ihrer Ergebnisse hervor: Studien mit positivem Ausgang, also besseren Ergebnissen für die SDM-Gruppe hinsichtlich Patientenzufriedenheit, Compliance und gesundheitlichem Befinden, zeichnen sich insbesondere dadurch aus, dass die therapeutische Vorbereitung, Information und Therapie zeitlich längerfristig verläuft. Bei Studien, die keine Unterschiede gefunden haben, ist die Patientenbeteiligung und -information meist reduziert auf nur eine Sitzung. Von daher sollte Shared Decision Making als längerfristiger Kooperationszusammenhang zwischen Arzt und Patient betrachtet werden und nicht als kurzfristige, einmalige Intervention.

Zu durchweg positiven Ergebnissen des SDM kommt auch eine deutsche Studie[98], die im Rahmen des vom BMG initiierten Forschungsverbunds "Der Patient als Partner im medizinischen Entscheidungsprozess" die Voraussetzungen und Effekte einer stärkeren Patientenbeteiligung bei Depressionen untersucht hat. Das Projekt wurde in mehreren Etappen durchgeführt. Zunächst entwickelte die Frei-

---

97 Joosten et al., in: Psychotherapy Psychosomatics 2008, S.77, Rn. 219-226; kostenloses Abstract: Joosten et al..: "Systematic Review of the Effects of Shared Decision-Making on Patient Satisfaction, Treatment Adherence and Health Status" unter: http://content.karger.com/ProdukteDB/produkte.asp?doi=10.1159/000126073; Zusammenfassung der Studie von Marstedt unter: http://forum-gesundheitspolitik.de/artikel/artikel.pl?artikel=1265

98 Loh/Simon/Härter: „Effekte der Patientenbeteiligung in der Grundversorgung depressiver Patienten - Höhere Therapietreue und bessere Behandlungsergebnisse" in: Klinikarzt 2007, 36: 38-41; Ein kostenloses Abstract der Studie ist nachzulesen unter: http://www.thieme-connect.com/ejournals/abstract/klinikarzt/doi/10.1055/s-2007-970174; Zusammenfassung von Marstedt unter: http://forum-gesundheitspolitik.de/artikel/artikel.pl?artikel=0743

burger Gruppe patientengerechte und an Leitlinien orientierte Informationsmaterialien sowie eine Entscheidungshilfe, die über verschiedene Therapiemöglichkeiten informierte.
Darüber hinaus wurden jedoch auch Ärzte in die Studie systematisch einbezogen. Für 20 niedergelassene Hausärzte, die Patienten mit depressiven Störungen in ihrer Praxis behandelt hatten, wurde sechs Monate lang in Abendveranstaltungen eine Fortbildung durchgeführt. Die Methodik der Fortbildung bestand aus Vorträgen und Diskussionsrunden, Gesprächsübungen, Rollenspielen und Videobeispielen als Vorbereitung auf ein Modell der partizipativen Entscheidungsfindung. Dabei wurden standardisierte oder auch reale Fallbeispiele aus der hausärztlichen Praxis genutzt. Einbezogen in die Studie waren über 400 Patienten mit depressiven Erkrankungen. Diese wurden entweder der Interventionsgruppe zugeordnet (mit Informationsbroschüre, Entscheidungshilfe und Therapie bei einem der 20 Ärzte mit Fortbildung im Shared Decision Making) oder einer Kontrollgruppe (mit üblicher Therapie durch 10 Ärzte, die an keiner Fortbildung teilgenommen hatten). Schließlich wurden im Vergleich der beiden Gruppen die Auswirkungen der partizipativen Entscheidungsfindung für Ärzte und Patienten detailliert überprüft. Berücksichtigt wurde dabei auch, dass das tatsächliche Ausmaß der Patientenbeteiligung unabhängig von der Zuordnung "Untersuchungsgruppe - Kontrollgruppe" erheblich variierte. Als Ergebnis (siehe Abb. 4) zeigte sich, dass Patienten, die in höherem Ausmaß an der medizinischen Entscheidungsfindung beteiligt waren,

- sowohl die Diagnose Depression als auch deren Behandlung erheblich besser akzeptierten,
- die verordneten Medikamente zuverlässiger einnahmen
- sowie auch einen höheren Behandlungserfolg aufweisen

In der Gruppe mit höherer Beteiligung waren nach 6 bis 8 Wochen 64% der Patienten erfolgreich behandelt, bei den geringer Beteiligten nur 50%. Gemessen wurde dieser Behandlungserfolg mit einem Gesundheitsfragebogen für Patienten, durch den eingeschätzt werden kann, ob eine Depression vorliegt oder nicht.
Als Ergebnis besonders herauszustellen ist schließlich auch, dass die positiven Effekte des Trainingsprogramms für Ärzte nicht mit einer verlängerten Konsultationszeit in der Praxis einhergehen. Die Befürchtungen niedergelassener Ärzte, dass eine Anwendung von Shared Decision Making schon aus zeitlichen Gründen bzw. damit zusammenhängenden Honorierungs-Problemen unrealistisch ist, ließen sich somit nicht bestätigen.

Die Wissenschaftler hatten für ihre Studie ein sehr komplexes Studiendesign gewählt, das nicht nur real vorzufindende Unterschiede in der medizinischen Versorgung und deren Effekte analysierte, sondern auf zwei Ebenen Interventionen durchführte, sowohl bei den Patienten als auch bei den Ärzten. Aus diesem Grunde musste auch eine Forschungsfrage unbeantwortet bleiben, nämlich in welchem Ausmaß die erwünschten Effekte auf die Patienteninformation, die Entscheidungshilfe oder die ärztliche Fortbildung zurückzuführen ist.

Abbildung 4: Einflussfaktoren und Effekte des Shared Decision Making

Einflussfaktoren und Effekte des SDM

Einflussfaktoren des SDM sind u.a.:

- die zu erwartende Lebensqualität bei unterschiedlichen Behandlungsalternativen
- die Behandlungsdauer
- die zu erwartenden Nebenwirkungen von Medikamenten
- die Qualität der Arzt-Patienten-Interaktion
- Das Partizipationsbedürfnis nimmt mit steigendem Alter und zunehmender Schwere der Erkrankung ab. Dies deckt sich jedoch nicht mit eigenen Forschungsergebnissen. (Schwantes et al. 1997) Von 120 befragten Altenheimbewohnern am Lebensende wollten 95 bei allen wichtigen ärztlichen Entscheidungen miteinbezogen werden.
- Die soziale Schichtzugehörigkeit scheint beim aktiven Informationssuchverhalten keine Rolle zu spielen.

Effekte des SDM sind u.a.:

- höhere Patientenzufriedenheit
- verbesserte Lebensqualität
- verbessertes Krankheitsverständnis
- Zunahme der wahrgenommenen Kontrolle über die Erkrankung durch den Patienten
- Rückgang der Leiden
- Verbesserung der funktionellen Kapazität
- Verringerung von Ängsten
- höhere Therapietreue

Quelle: Scheibler/Schwantes/Kampmann/Pfaff, in: GGW 2005, S. 23 (24).

5.4 Erwartungen der Patienten bezüglich eines Shared Decision Making

Folgend soll versucht werden, die Erwartungen der unterschiedlichen Patientengruppen hinsichtlich einer gemeinsamen Entscheidungsfindung aufzuzeigen und systematische Patientengruppen zu bilden.

5.4.1 Differenzierung nach Alter und Bildungsschicht

In einem Telefonsurvey aus dem Jahre 2003[99] in acht europäischen Ländern gaben 23 Prozent der insgesamt 8.119 Befragten an, selbst über die Behandlung bestimmen zu wollen (I should decide/I should make the decision after consulting my doctor), 26 Prozent würden lieber den Arzt entscheiden lassen (my doctor should decide/my doctor should make the decision after discussion with me) und 51 Pro-

[99] Coulter/Magee, 2003.

zent wollen gemeinsam mit dem Arzt über die Behandlungsmethode entscheiden (my doctor and I should decide together). Dabei waren Ältere eher geneigt, die Entscheidung dem Arzt allein zu überlassen (32 Prozent der über 65-jährigen gegenüber 23 Prozent der 35-44-jährigen). Personen mit Universitätsausbildung sprachen sich häufiger für die gemeinsame Entscheidungsfindung aus (55 Prozent) als Personen mit Volksschulabschluss (46 Prozent). Die Daten des Gesundheitsmonitors[100] ergeben ein ähnliches Bild: 58 Prozent der 9.146 Befragten wollen sich am Entscheidungsprozess beteiligen. Allerdings möchten nur 14 Prozent der Versicherten allein die Entscheidung über ihre Behandlung fällen und 28 Prozent würden lieber den Arzt entscheiden lassen (siehe Abb. 4).

Abb. 5: Was möchten die Patienten?

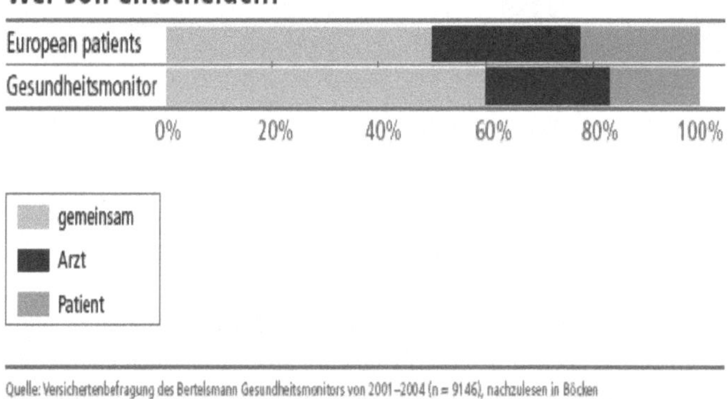

Quelle: Bertelsmann Stiftung, Shared Decision Making, Chartbook S. 13.

Die Unterschiede in den Ergebnissen könnten aus den unterschiedlichen Antwortvorgaben in den beiden Studien resultieren, doch zeigt auch der Gesundheitsmonitor, dass ältere Befragte sich lieber auf die Entscheidung ihres Arztes verlassen (41 Prozent der über 65-jährigen gegenüber 16 Prozent der 35-44-jährigen). Die Bereitschaft, an Entscheidungsprozessen teilzuhaben, ist nicht nur alters-, sondern auch schicht- und bildungsabhängig. Die Befragten im Gesundheitsmonitor mit Abitur und aus der Oberschicht ziehen es vor, gemeinsam über

---

100 Böcken/Braun, Schnee, Gesundheitsmonitor 2004.

Behandlungen zu entscheiden (jeweils 61 Prozent), während nur 49 Prozent der Hauptschüler und 52 Prozent aus der Unterschicht das SDM-Modell bevorzugen (Abb. 3). Kein Unterschied ergibt sich allerdings zwischen Gesunden, akut leicht Erkrankten und chronisch Kranken (jeweils 57-prozentige Präferenz für die gemeinsame Entscheidungsfindung). Lediglich die akut schwer Erkrankten liegen mit 55 Prozent geringfügig unter diesem Wert.[101]

Abb. 6: Differenzierung nach Alter und Bildungsschicht

Patient und Arzt sollen gemeinsam entscheiden

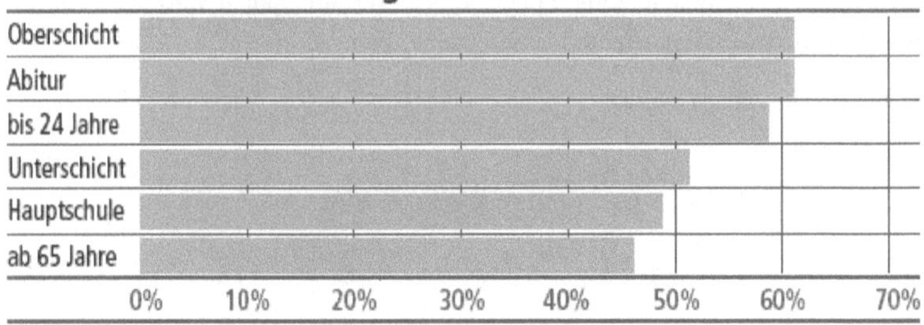

Quelle: Versichertenbefragung des Bertelsmann Gesundheitsmonitors von 2001–2004 (n = 9146), nachzulesen in Böcken et al. (2004).

Quelle: Bertelsmann Stiftung, Shared Decision Making, Chartbook S. 13.

Dagegen kam eine kleinere Studie[102] an der University of London und der London School of Economics zu keinem so klaren Ergebnis. Über 500 Patienten, die wegen Arthritis oder Diabetes in allgemeinärztlicher Behandlung waren, nahmen an der Untersuchung teil. Ihnen wurde ein umfangreicher Fragebogen vorgelegt, in dem sie Auskunft gaben zu unterschiedlichen Aspekten: Alter, Geschlecht und Bildungsniveau waren darunter, ebenso wie Angaben zum Gesundheitszustand, Einstellungen gegenüber Medikamenten und subjektiv empfundene Lebensqualität. Auch hier zeigte sich (vgl. Abbildung 6), dass zumindest eine Mitbeteiligung des Patienten bei allen Entscheidungssituationen Mehrheitswunsch war.
Die Wissenschaftler überprüften dann mit aufwändigen statistischen Verfahren, ob man aufgrund der erfassten sozialstatistischen und gesundheitlichen Angaben oder

---

101 Bertelsmann Stiftung, Shared Decision Making, S. 12.

102 Garfield et al.: "Can patients' preferences for involvement in decision-making regarding the use of medicines be predicted?", in: Patient Education and Counseling, Volume 66, Issue 3, June 2007, Pages 361-367; Zusammenfassung der Studie von Marstedt unter: http://forum-gesundheitspolitik.de/artikel/artikel.pl?artikel=0824

der Einstellungen vorhersagen könnte, welche Art der Entscheidungsbeteiligung sich ein Patient wünscht. Das Ergebnis war jedoch negativ. Zwar ergaben sich geringfügige statistische Zusammenhänge: Jüngere und Angehörige höherer Sozialschichten wünschten sich etwas öfter eine Partnerschaftliche Entscheidungsfindung. Selbst bei kombinierter Verwendung aller verfügbaren Variablen im Rahmen multivariater Analysen blieb die Prognose jedoch überaus unsicher. Das Ergebnis sei jedenfalls insofern relevant, als es einerseits verdeutliche:

Verhaltensweisen und Erwartungen im Gesundheitssystem seien teilweise völlig unabhängig von traditionellen Gruppen- und Schichtzugehörigkeiten. Es sei keineswegs so, dass Arbeiter und Volksschüler durchweg dem paternalistischen Entscheidungsmuster anhängen und Akademiker oder Großverdiener sich durchweg als mündige und autonom entscheidende Patienten verstehen. Darüber hinaus zeigten die Ergebnisse auch Probleme auf, die sich für Ärzte ergeben, wenn sie in der Sprechstunde auf Patientenwünsche eingehen möchten. Diese Patientenerwartungen seien nicht mit einem Blick erfahrbar, sondern müssten im Gespräch ausgelotet werden.

5.4.2 Differenzierung nach Therapiesituation

Die Studie[103] der University of London und der London School of Economics untersuchte weiterhin, an welchen Therapieentscheidungen die Patienten über das weitere Vorgehen mitwirken wollten. Als Vorgaben dazu gab es fünf Möglichkeiten: Der Arzt allein, der Arzt stärker als der Patient, Arzt und Patient gemeinsam, der Patient stärker als der Arzt, der Patient allein.

Die gewählten Entscheidungssituationen betrafen eine neue Arzneimittelverordnung, einen Wechsel der Arzneimittel-Dosierung und ein Absetzen des Medikaments. Hier zeigte sich zunächst (vgl. Abb. 7), dass zumindest eine Mitbeteiligung des Patienten bei allen Situationen Mehrheitswunsch war. Das paternalistische Entscheidungsverhalten wurde nur von 23-31% gewünscht, das informative Modell jeweils nur von 10-12%.

---

[103] Ebenda.

Abb. 7: Differenzierung nach Therapiesituation

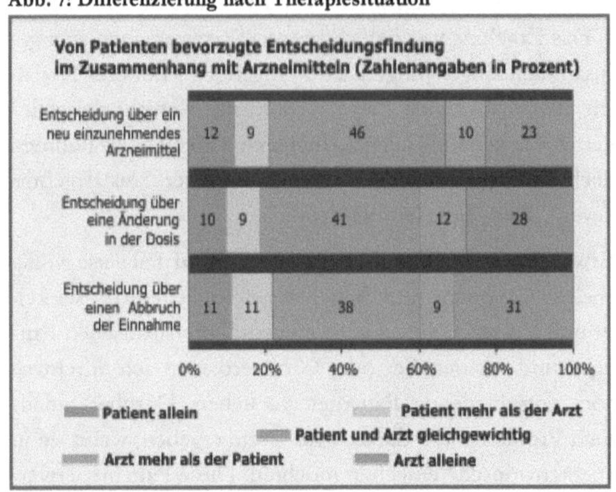

Quelle: Darstellung von Gerd Marstedt,
unter: http://forum-gesundheitspolitik.de/artikel/artikel.pl?artikel=0824

5.4.3 Differenzierung nach Krankheitsbild

Dagegen hängt der Wunsch nach SDM jedoch scheinbar sehr stark ab vom Krankheitsbild und davon, wie vertraut die Patienten mit Symptomen, Ursachen und Risiken einer Krankheit sind. Dies hat jedenfalls eine Studie[104] von Wissenschaftlern der Universität Toronto (Kanada) bei einer Befragung von über 2.700 Patienten ergeben, die wegen unterschiedlicher Erkrankungen im kanadischen Distrikt Ontario in Behandlung waren.

Die Erkrankungen der Untersuchungsteilnehmer waren unterschiedlich schwerwiegend: Brustkrebs, Prostata-Erkrankungen, Knochenbruch, Inkontinenz, HIV, Gutartige Prostatavergrößerung, Orthopädische Erkrankungen, Herz- oder rheumatische Erkrankungen, Unfruchtbarkeit (nur Frauen) und Multiple Sklerose. Zur Kontrolle wurden außerdem Krankenschwestern, die noch in der Ausbildung waren, einbezogen. In der Befragung wurde neben sozialstatistischen Daten und dem Krankheitsbild vor allem untersucht, in welchem Ausmaß sich die Patienten eine

---

104 Garfield et al.: "Do people want to be autonomous patients? Preferred roles in treatment decision-making in several patient populations", in: Health Expectations 10 (3), 248-258; Zusammenfassung der Studie von Marstedt unter: http://forum-gesundheitspolitik.de/artikel/artikel.pl?artikel=0824

Beteiligung an Therapie-Entscheidungen wünschen. Dafür entwickelten die Forscher ein theoretisches Konzept, das über die gängige Erfassung von Patientenwünschen zum Shared Decision Making hinausgeht. Üblicherweise wird hier gefragt, ob man in Situationen, in denen beim Arzt eine Entscheidung ansteht, diese Entscheidung dem Arzt überlassen möchte, allein entscheiden möchte oder gemeinsam mit dem Arzt. Die Forschungsgruppe geht jedoch davon aus, dass die angesprochene Situation zumindest zwei unterschiedliche Dimensionen beinhaltet: Die Problemlösung und die Entscheidung. Für beide können ihrer Ansicht nach unterschiedliche Patienten-Optionen gewählt werden.
Unter "Problemlösung" verstehen sie Fragen wie unter anderem: Wer sollte entscheiden, welche Krankheitsursachen maßgeblich sind, welche Behandlungsmöglichkeiten offen stehen, welche Risiken und Nutzen gegeben sind? Unter "Entscheidung" ordnen sie zwei Fragen ein: Wer sollte entscheiden, wie groß Nutzen und Risiken für den Patienten in besonderem Fall sind? Wer sollte entscheiden, welche Therapie dann gewählt wird?

Die für beide Dimensionen jeweils bevorzugten Patientenwünsche zum Shared Decision Making (Arzt entscheidet, Patient entscheidet, beide entscheiden) erfragten sie dann für zwei unterschiedliche Problemsituationen. Einmal wurde das bei einem Patienten tatsächlich gegebene Krankheitsbild in die Frage einbezogen, einmal wurde eine fiktive Situation gewählt, nämlich seit drei Tagen bestehende Schmerzen in der Brust. Überraschend war zunächst, dass so gut wie kein Befragungsteilnehmer (0-2%) für beide Dimensionen (Problemlösung und Entscheidung) an einer alleinigen Patientenentscheidung interessiert war. Das "passive Antwortmuster" (Arzt entscheidet durchweg) war (mit 20-34%) auch nicht quantitativ vorherrschend. Am häufigsten gewählt wurde die Variante: Die Problemlösung ist primär Sache des Arztes, die Entscheidung Sache des Patienten. Am zweithäufigsten wurde folgende Antwortvariante gewählt: Für beide Aspekte wird eine gemeinsame Entscheidung von Arzt und Patient getroffen.

Bei der Betrachtung einzelner Patientengruppen nach Art der Krankheit (siehe Abb. 8) zeigten sich dann deutliche Unterschiede: Fasst man die beiden zuletzt genannten Antwortmuster zu einer Kategorie "partizipative Lösung" zusammen, dann wählen (für die Problemsituation: eigene Erkrankung) Brustkrebs-Patientinnen nur zu 64% dieses Antwortmuster, während zugleich 36% dieser Gruppe eine passive Lösung wählen. Ähnliche Antwortverteilungen findet man auch für Prostataerkrankungen, während umgekehrt bei rheumatischen oder orthopädischen Erkrankungen oder MS passive Tendenzen eher selten auftreten und eine Form der Beteiligung von über 80% gewünscht wird.

Abb. 8: Differenzierung nach Krankheitsbild

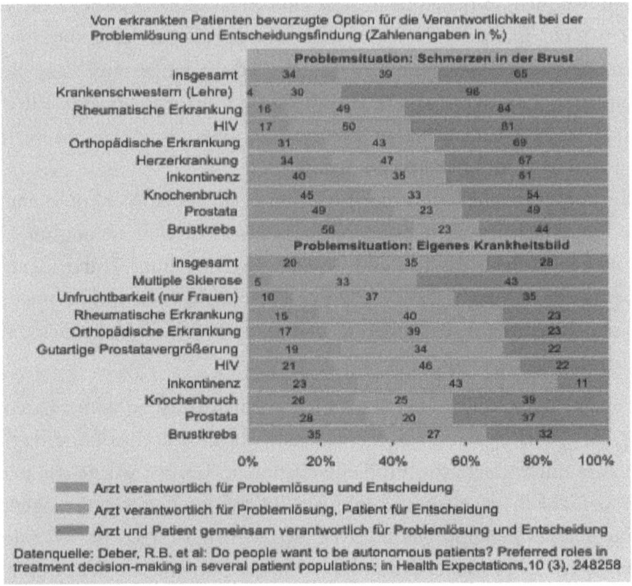

Quelle: Darstellung von Gerd Marstedt, unter:
http://forum-gesundheitspolitik.de/artikel/artikel.pl?artikel=0829

Die Forscher geben zwar keine Interpretationen ab, ob die unterschiedlichen Antwortmuster direkt mit der Art der Erkrankung zusammenhängen. Es könnte jedoch sein, dass mit dem Grad der Beunruhigung und Verängstigung durch eine bestimmte Krankheitsdiagnose und der geringeren Kenntnis von Risiken auch die Tendenz wächst, Entscheidungen dem Arzt zu überlassen. Dafür spricht auch das Ergebnis, dass in der fiktiven und unbekannten Problemsituation (seit 3 Tagen Schmerzen in der Brust, Grafik obere Hälfte) der Anteil derjenigen Studienteilnehmer sehr viel höher ausfällt, der sich in eine passive Rolle begibt und dem Arzt allein Entscheidungen überlässt.[105]

---

105 Marstedt, unter: http://forum-gesundheitspolitik.de/artikel/artikel.pl?artikel=0829

5.4.4 Unterscheidung nach Nationalität (bei Frauen)

Eine norwegische Studie[106] hat untersucht, inwieweit das neue Patienteninteresse an gemeinsamen Entscheidungen in verschiedenen europäischen Ländern gleich stark ausgeprägt ist. Basis der Studie war eine Befragung von über 9.000 Frauen in 15 europäischen Ländern, die alle an Harn-Inkontinenz leiden und deshalb die Praxis eines Fach- oder Hausarztes aufgesucht haben. Insgesamt 1.055 Ärzte verteilten einen Fragebogen an diese Patientinnen, in dem sie unter anderem um Auskunft gebeten wurden, welchen Stil der Arzt-Patient-Konsultation sie am meisten bevorzugen. Zur Auswahl standen fünf Alternativen:

(1) Ich selbst möchte die letzte Entscheidung über die weitere Behandlung treffen (aktiv).

(2) Ich selbst möchte die letzte Entscheidung über die weitere Behandlung treffen, nachdem ich die Meinung des Arztes sorgfältig geprüft habe (aktiv).

(3) Ich möchte gemeinsam mit dem Arzt entscheiden, welche Behandlung für mich am besten ist (partizipativ).

(4) Ich möchte, dass der Arzt die letzte Entscheidung trifft, nachdem er sorgfältig meine Meinung dazu geprüft hat (passiv).

(5) Ich möchte alle Entscheidungen über meine Behandlung dem Arzt überlassen (passiv)).

Das Ergebnis der Analyse zeigt dann einen überraschenden Nord-Süd-Verlauf hinsichtlich der bevorzugten Arzt-Patient-Kommunikation. Frauen in Dänemark, Norwegen und Finnland bevorzugen am häufigsten eine aktive Rolle (Antwortmuster 1 und 2), wollen also nicht nur mit dem Arzt mitentscheiden, sondern trauen sich selbst die letzte Entscheidung über die weitere Therapie zu. Umgekehrt findet man eine Vorliebe für die passive Rolle der Patienten am weitesten verbreitet in südeuropäischen Ländern wie Griechenland, Portugal und Spanien. In den mitteleuropäischen Ländern (wie Deutschland, Österreich, Schweiz, Benelux-Staaten, Frankreich) findet das partizipative Muster am meisten Zustimmung.

---

106 O' Donnell/Monz/Hunskaar: "General preferences for involvement in treatment decision making among European women with urinary incontinence", in: Social Science & Medicine, Volume 64, Issue 9, May 2007, S. 1914-1924; Zusammenfassung der Studie von Marstedt unter: http://forum-gesundheitspolitik.de/artikel/artikel.pl?artikel=0653

Quantitativ zeigt sich dies beispielsweise daran, dass über ein Drittel (33-36%) der skandinavischen Frauen die Antwortvarianten *aktiv* und *patizipativ* wählten, während dies in Südeuropa nur bei 5-7% der Frauen der Fall war. Umgekehrt wählten in Griechenland, Portugal und Spanien über die Hälfte der Frauen (49-70%) eine passive Rolle, in Skandinavien hingegen weniger als 20%. Die Ergebnisse wurden bestätigt, wenn man die unterschiedliche Sozialstruktur der Stichproben in den einzelnen Ländern nach Merkmalen wie Alter, Bildungsniveau oder Erwerbstätigkeit kontrollierte oder auch den Schweregrad der Gesundheitsbeschwerden in der Analyse berücksichtigte. Die Wissenschaftler interpretierten ihre Ergebnisse als Einfluss kultureller Normen über die Rolle der Frau in der Gesellschaft und verweisen darauf, dass die berufliche Integration der Frauen einen Einfluss auf ihr Rollenverständnis und sich auch im Verhältnis zu Ärzten niederschlägt. Denn während Frauen in den skandinavischen häufig ins Erwerbsleben integriert sind, ist dies in Südeuropa weniger der Fall. Die Ergebnisse belegen demnach, dass kulturelle Normen und Werte bedeutsam für Patientenerwartungen im Gesundheitswesen sind und die Umsetzung bestimmter Betreuungskonzepte beeinflussen können.[107]

5.5 Effekte des Shared Decision Making auf die medizinische Qualität

Von ausschlaggebender Bedeutung für jedwede Entscheidung ist die Form, in der bestimmte Sachverhalte dargestellt werden („framing"), wie etwa die Darstellung von Wahrscheinlichkeiten über Behandlungserfolge in positiver oder negativer Form (vgl. Abb. 9). Am Beispiel der Angioplastie (Gefäßaufdehnung) zur Beschwerdelinderung bei Patienten mit anhaltender Angina pectoris konnte gezeigt werden, dass sich Patienten bei positiver Risikodarstellung („99 Prozent der Patienten haben keine Komplikationen") häufiger für den Eingriff entschieden als bei negativer Formulierung („Komplikationen treten bei einem von 100 Patienten auf").[108] Die Verbesserung der Entscheidungsqualität erfordert die Verfügbarkeit umfassender Informationen. Die Patienten müssen insbesondere Zugriff auf konkrete Informationen über den potenziellen Nutzen und Schaden einer Behandlung haben. Da die unterschiedliche Darstellung identischer Sachverhalte zu unterschiedlichen Entscheidungen führen kann, müssen die Informationen in unterschiedlichen Formaten angeboten werden.[109]

---

107 Siehe Marstedt unter: http://forum-gesundheitspolitik.de/artikel/artikel.pl?artikel=0653

108 Gurm/Litaker (2000).

109 Bertelsmann Stiftung, Shared Decision Making, Chart S. 14.

Abb. 9: Auswirkungen der Informationsdarstellung auf die Patientenentscheidung

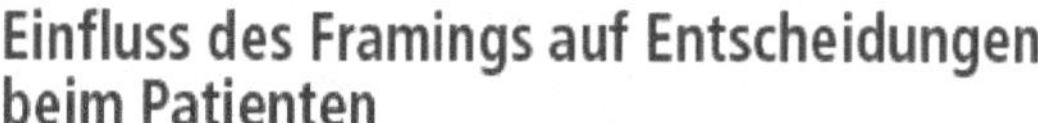

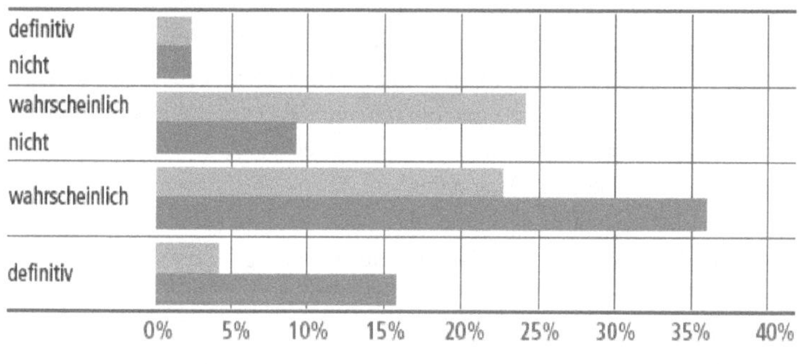

Komplikationen treten bei einem von 100 Patienten auf

99% der Patienten haben keine Komplikationen

Quelle: Gurm und Litaker (2000: 841), Antworten von 116 Befragten auf die Fragen: „Wenn Ihr Arzt Ihnen zu dieser Behandlung raten würde, um das Symptom Brustschmerz zu lindern, aber die Angioplastie würde nicht lebensverlängernd wirken, würden Sie die Behandlung durchführen?" Befragte wurden zufällig ausgewählt, um ein Video zu sehen, dass entweder die Behandlungsrisiken mit „99 Prozent der Patienten haben keine Komplikationen" (n=63) oder „Komplikationen treten bei einem von 100 Patienten auf" (n=53) umschreibt.

Quelle: Bertelsmann Stiftung, Shared Decision Making, Chart S. 15.

5.6 Praktische Umsetzung des Shared Decision Making Modells

In der Theorie ist das Konzept des SDM weit entwickelt, die Umsetzung in der ärztlichen Praxis fällt indes offenbar schwer. Ärzte sind zumeist noch weit davon entfernt, die individuellen Ansprüche ihrer Patienten genauer wahrzunehmen und auch darauf einzugehen. Dies ist das Ergebnis einer systematischen Auswertung von Literaturstudien, die jetzt das Picker-Institut vorgelegt hat.[110]

---

[110] Angela Coulter/Jo Ellins: "Patient-focused interventions - A review of the evidence", Hg.: Picker Institute Europe (PDF-Datei, 10,9 MB, 277 Seiten), Download unter: http://www.pickereurope.org/Filestore/PIE_reports/project_reports/QEI-Review-chapter-2.pdf, Zusammenfassung von Marstedt unter: http://forum-gesundheitspolitik.de/artikel/artikel.pl?artikel=0572; die Studie ist Teil einer noch umfassenderen Veröffentlichung des Picker Instituts, in der noch zu einer Reiher weiterer Fragen der medizinischen Versorgung und praktischen Ansätzen der Verbesserung im Rahmen von Literaturauswertungen berichtet wird, u.a. zum Thema Patientensicherheit, Kompetenz in Gesundheitsfragen ("Health Literacy"), Selbstmanagement von Patienten, Zugang zur Versorgung.

Eine der Fragestellungen der Autoren ist: Wie kann man Patienten dazu befähigen, an therapeutischen Entscheidungen kompetent mitzuwirken? Und was ist effektiver: Ein Kommunikations-Training für Mediziner und Ärzte oder verbesserte Informationen und Entscheidungshilfen für Patienten? Bevor sie den wissenschaftlichen Forschungsstand zu dieser Frage sinnvoller und effektiver Interventionen zur Verbesserung von Shared Decision Making nachkommen, gehen die Wissenschaftler jedoch auf den Status quo ein. Sie müssen dabei aufgrund einer Vielzahl von Untersuchungen feststellen, dass Ärzte noch erhebliche Probleme bei der Umsetzung von Shared Decision Making haben:

Eine Studie bei 62 Allgemeinärzten fand, dass Ärzte die spezifischen Bedürfnisse ihrer Patienten oft unberücksichtigt lassen und dazu neigen, die Krankheit und nicht die kranke Person in den Vordergrund zu stellen.

Eine andere Studie wertete über 1.000 Audio-Mitschnitte von Arzt-Patient-Gesprächen bei Ärzten verschiedener Fachrichtung aus und fand: Nur bei 21% wurden Patientenwünsche diskutiert, nur bei 11% Therapie-Alternativen erörtert, nur bei 6% über Vorteile und Risiken der Alternativen informiert. Eine weitere Studie wertete 134 Veröffentlichungen über Beobachtungen von Arzt-Patient-Gesprächen aus. Als Fazit ergab sich, dass Ärzte überwiegend dazu neigen, die Kommunikation zu dominieren und Patienten sich schnell in eine passive Rolle drängen lassen.

Auch eine repräsentative Befragung in England bei knapp 100.000 Patienten im Jahre 2004 belegte, dass knapp die Hälfte der Patienten bei der letzten Arztkonsultation gern stärker in die Entscheidung einbezogen worden wären, etwa 40% hätten auch gern bei der Arzneimittelauswahl mitentschieden und ebenso viele hätten sich mehr Informationen über die Arzneimittel-Nebenwirkungen gewünscht.[111] Die Wissenschaftler überprüften in ihrer Studie jedoch auch, welche Konzepte und Interventionen bislang erprobt wurden, um zu mehr Entscheidungsteilhabe von Seiten der Patienten in der Arztpraxis zu gelangen und wie erfolgreich diese waren. Unterschieden werden dabei drei Strategien: Unterschiedliche Formen des Kommunikationstrainings und der Gesprächsführung für Ärzte, Beratung von Patienten und Hilfsmittel (wie Fragekärtchen), um im Gespräch mit dem Arzt eigene Positionen besser einzubringen, Informationen und Entscheidungshilfen für Patienten durch unterschiedliche Medien (Broschüren, PC-Programme, Videos usw.). Zusammenfassend führte auch diese Studie zu der Erkenntnis, dass ein Königsweg für die genannte Zielsetzung bislang nicht gefunden wurde. Manche Strategien zei-

111 Coulter/Ellins, Kap 2, S. 64, dort auch Literaturhinweise zu den Studien.

gen in einigen Bereichen und für einige Kriterien Erfolge (z.B. Patientenzufriedenheit und Informationsstand), für andere jedoch nicht (Gesundheitszustand, Zeitaufwand und Kosten). Im Einzelnen wurde durch die Studie folgendes bilanziert:

- Gesprächsführung für Ärzte: Verbesserung des Informationsstands der Patienten, höhere Zufriedenheit, weniger Ängste, bessere Compliance, aber widersprüchliche Befunde hinsichtlich des medizinischen Effekts.

- Patientenberatung zur Gesprächsführung: besserer Informationsstand, insgesamt keine eindeutigen Befunde.

- Entscheidungshilfen für Patienten: Besserer Informationsstand, bessere Übereinstimmung zwischen eigenen Wünschen und ärztlichem Verhalten, hinsichtlich der Patientenzufriedenheit und der gesundheitlichen Effekte keine übereinstimmenden Befunde.

Insgesamt sehen die Autoren auch weiterhin einen hohen Forschungsbedarf, sich mit entsprechenden Konzepten und Strategien auseinander zu setzen, da keine der bislang praktizierten Strategien eindeutige und durchschlagende Erfolge aufweisen konnte.[112]

5.7 Zwischenfazit

Es bleibt festzuhalten, dass in den Patientenwünschen eine zunehmende Abkehr von dem *paternalistischen* Entscheidungsmodell hin zu einem *gemeinsamen* Entscheidungsmodell *(Shared Decision)* zu verzeichnen ist. Idealerweise ist es von einer gleichberechtigten Interaktion zwischen Arzt und Patient, gegenseitiger Information, gemeinsamem Abwägen und gemeinsamem Entscheiden geprägt. Die Mehrzahl der Patienten wünscht mehr und andere Informationen als sie vom Arzt erhält. Viele Patienten sind dazu bereit, eine aktivere Rolle im Umgang mit ihrer Krankheit zu spielen. Dazu möchten sie stärker als bisher an Entscheidungen beteiligt werden.

Zahlreiche Studien konnten die positiven Effekte des Shared Decision Making belegen. So ist vor allem eine Zunahme des Wissen, eine realistischere Erwartung bezüglich der Behandlungsverläufe, eine aktivere Beteiligung am medizinischen Behandlungsprozess, eine Verringerung von Entscheidungskonflikten und eine Abnahme der Unentschlossenheit der Patienten gegenüber Behandlungen, eine Verbesserung der Arzt-Patienten-Kommunikation und der Risikowahrnehmung der Patienten durch die gemeinsame Entscheidung zwischen Arzt und informiertem Patienten zu verzeichnen. Auch sind informierte Patienten besser in der Lage, Krankheitsdiagnose sowie Behandlung zu akzeptierten und eine höhere Therapietreue einzuhalten. Gleichermaßen ist der Behandlungserfolg häufig besser, wenn ihm eine gemeinsam erarbeitete Entscheidung zugrunde lag.

Der deutsche Patient informiert sich am häufigsten über Behandlungsmaßnahmen und Erkrankungen; mehr als die Hälfte aller Patienten wollen sich am Entscheidungsprozess beteiligen. Unklar sind die Ergebnisse jedoch hinsichtlich einer Differenzierung nach Alter und Bildungsschicht. Hier kamen die Studien zu unterschiedlichen Ergebnissen. Aus diesem Grund ist von einer voreiligen Generalisierung der Patientenwünsche abzuraten. Allerdings hängt der Wunsch nach SDM jedoch relativ stark vom Krankheitsbild ab und auch davon, wie vertraut die Patienten mit Symptomen, Ursachen und Risiken einer Krankheit sind. Es könnte sein, dass mit dem Grad der Beunruhigung und Verängstigung durch eine bestimmte Krankheitsdiagnose und der geringeren Kenntnis von Risiken auch die Tendenz wächst, Entscheidungen dem Arzt zu überlassen. Auch ist anzunehmen, dass kulturelle Normen und Werte bedeutsam für Patientenerwartungen im Gesundheitswesen sein können. Zu betonen ist ebenfalls, dass die unterschiedliche Darstellung identischer Sachverhalte zu unterschiedlichen Entscheidungen führen kann, sodass die Informationen in unterschiedlichen Formaten angeboten werden müssen, um den individuellen Therapiesituationen gerecht zu werden.

Auch wenn das Modell des Shared Decision Making in der Theorie gut entwickelt ist, gibt es in der praktischen Umsetzung große Defizite. Noch gehen viele Ärzte nicht genügend auf die individuellen Ansprüche ihrer Patienten ein, obwohl nach der derzeitigen Studienlage die positiven Effekte des SDM nicht zwangsläufig mit einer längeren Konsultationszeit in der Praxis einhergehen müssen. Die Befürchtungen vieler Ärzte, dass eine Anwendung von SDM schon aus zeitlichen Gründen bzw. damit zusammenhängenden Honorierungs-Problemen unrealistisch ist, lassen sich somit weitgehend entkräften. Generell ist zu konstatieren, dass zunehmend eine Notwendigkeit besteht, die partizipative Entscheidungsfindung stärker in der Regelversorgung zu verankern.

Eine höhere Akzeptanz wird sich einstellen, wenn mehr Ärzte und Patienten die Erfahrung machen, dass sich das SDM vorteilhaft auf den Behandlung auswirkt. Das SDM sollte dabei in jedem Fall als längerfristiger Kooperationszusammen-

---

[112] Vgl. Marstedt, unter: http://forum-gesundheitspolitik.de/artikel/artikel.pl?artikel=0572

hang zwischen Arzt und Patient betrachtet werden. Dabei sind Patientenerwartungen selten mit einem Blick erfassbar, sondern sollten in einem gemeinsamen Gespräch individuell ausgelotet werden.

6. Für Patienten zugängliche Informationsquellen aus Deutschland

6.1 Ärzte und Apotheker

Ärzte und Apotheke sind sowohl in Deutschland als auch in ganz Europa die wichtigsten Informationsquellen für die Patienten.[113] Um diese über bestimmte Arzneimittel zu informieren, greifen Ärzte und Apotheker auf ihr eigenes Fachwissen zurück und auf die Informationen, die sie von den Herstellern und anderen Marktteilnehmern oder aus Fachpublikationen erhalten (haben). Inwiefern Beratungs- und Informationsleistungen von Ärzten und Apothekern im Internetzeitalter eine Änderung erfahren werden, bleibt abzuwarten.[114] Dem Arzt und Apotheker müssen die Patienten bislang weitgehend vertrauen. Das können sie in der Regel auch, denn vermutlich wird ihnen niemand bewusst die Unwahrheit sagen. Das liegt auch an der Datenbasis: Die Info-Software der Apotheker wird alle 14 Tage, die der Ärzte allerdings nur einmal im Quartal aktualisiert. Darüber hinausgehende umfassende aktuelle Fachinformationen müssen auch die Ärzte extra bezahlen bzw. Zeit investieren, um sich bezüglich der wissenschaftlichen Literatur auf dem Laufenden zu halten. Die Patienten möchten zwar in den meisten Fällen über die Therapiemöglichkeiten informiert werden, doch kann und will sich nicht jeder soweit medizinisch oder pharmakologisch einarbeiten, um alles im Detail zu verstehen.

Nach Meinung der Ärzte beweist ein informierter Patient oft ein ausgeprägtes Eigeninteresse, das sich zumeist auf sein individuelles gesundheitliches Problem beschränkt. Uneinigkeit herrscht jedoch bei den Ärzten über die aktive Auseinandersetzung mit informierten Patienten: Die einen empfinden es als Belastung, die anderen als Erleichterung der Arbeit. Doch scheint es weder Erklärungen zu sparen, wenn vorinformierte Patienten in die Praxis kommen noch haben die Ärzte Zeit, auf diese Informationen genauer einzugehen (Abb. 10).[115]

---

113 Rieß, Publikumswerbeverbot, S. 33.

114 Rieß, Publikumswerbeverbot, S. 33.

115 Bertelsmann Stiftung, Shared Decision Making, S. 27.

Abb. 10:

Effekte eines informierten Patienten auf die ärztliche Tätigkeit

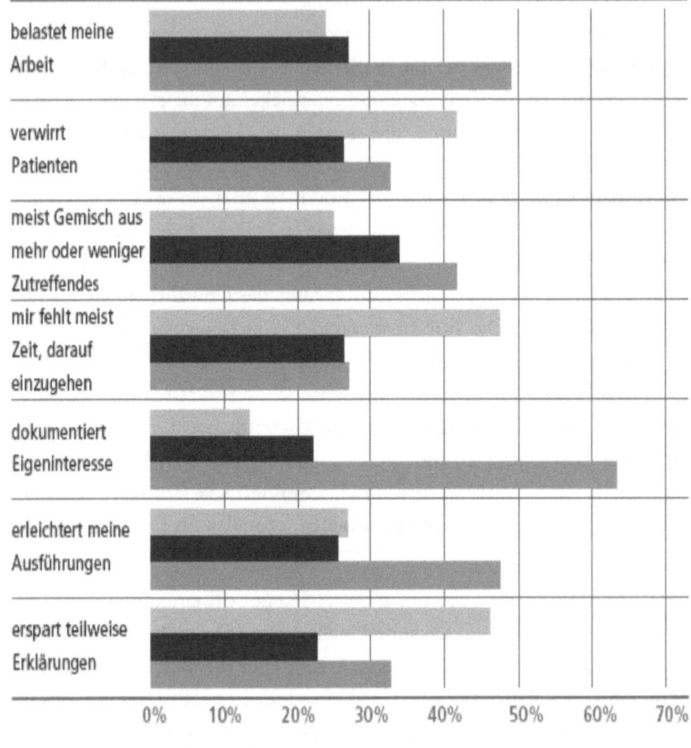

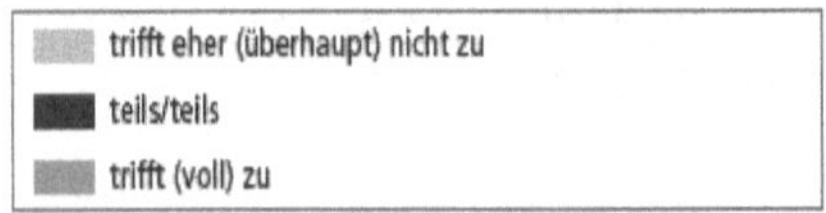

Quelle: Daten aus der Ärztebefragung des Bertelsmann Gesundheitsmonitors 2003, n = 511;
Frage: Welche Wirkung hat es Ihrer Meinung nach, wenn Patienten sich schon vor dem Arzttermin über Beschwerden, Behandlungen, usw. informiert haben?

Quelle: Bertelsmann Stiftung, Shared Decision Making, Chart S. 27.

Ärzte halten schriftliche Patienteninformationen für nützlich, sie erhöhen die Patientenzufriedenheit, geben dem Arzt Zeit für andere Dinge und helfen bei langwierigen Erklärungen, Zeit zu sparen; allerdings wird auch von zwei Dritteln der 511 befragten Ärzte moniert, dass schriftliche Patienteninformationen aus ihrer Sicht häufig falsche Informationen enthalten (Abb. 11).[116]

Abb. 11: Ansicht von Ärzten zu schriftlichen Patienteninformationen

Schriftliche Patienteninformationen ...

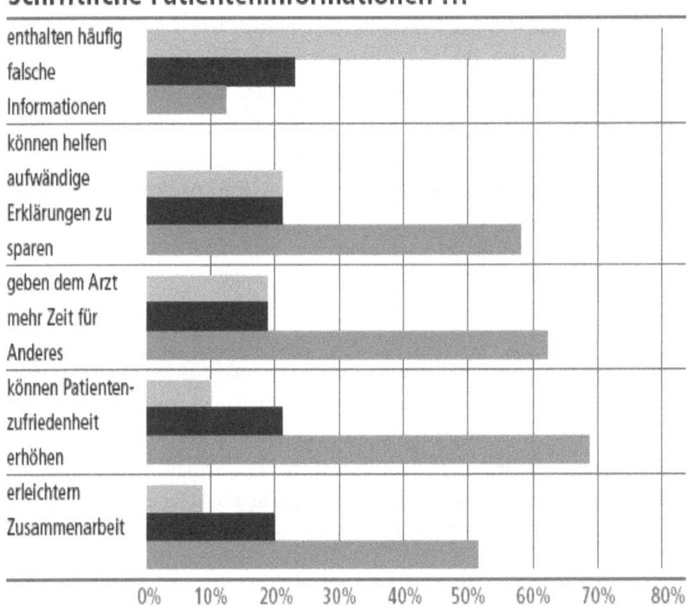

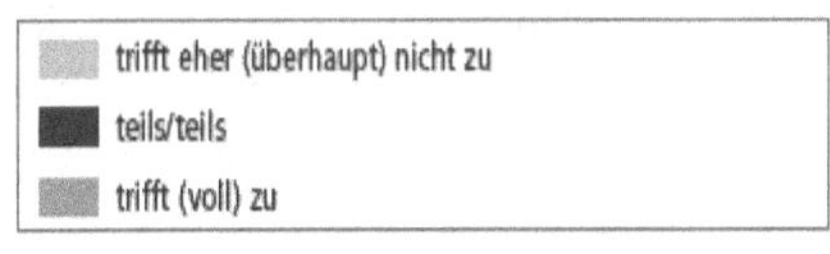

Quelle: Daten aus der Ärztebefragung des Bertelsmann Gesundheitsmonitor 2003, n = 511;
Frage: Welche Aussagen über schriftliche Patienteninformationen treffen zu?

Quelle: Bertelsmann Stiftung, Shared Decision Making, Chart S. 28.

116 Bertelsmann Stiftung, Shared Decision Making, S. 28.

6.2 Staatliche bzw. öffentlich-rechtliche Informationsquellen aus Deutschland

Zudem stehen den Patienten verschiedene Informationsquellen aus staatlicher bzw. öffentlich-rechtlicher Hand entweder über Printmedien oder das Internet zur Verfügung.

6.2.1 BMG, KBV und WidO

Staatliche Informationsquelle für die Patienten ist zunächst das Bundesministerium für Gesundheit (BMG). Auch die Versicherungsträger und die kassenärztlichen Bundesvereinigungen (KBV) publizieren Informationen über Arzneimittel. Das Wissenschaftliche Institut der AOK (WidO) gibt den so genannten „Arzneimittelverordnungsreport" heraus. Erklärtes Ziel dieser Publikation ist eine verbesserte Markt- und Kostentransparenz.[117] Bei allen genannten Informationsquellen kann man davon ausgehen, dass sie weitgehend neutral den Stand des aktuellen Wissens reflektieren und auch zeitnah aktualisiert werden.

6.2.2 BfarM

Das Bundesinstitut für Arzneimittel und Medizinprodukte in Bonn (BfArM) listet auf seiner Webseite unter dem Stichwort „Pharmakovigilanz" sowohl Meldungen über unerwünschte Arzneimittelwirkungen als auch aktuelle Rückrufaktionen auf. Auf der BfArM-Seite zu finden sind auch die „Rote-Hand-Briefe" der Pharmaindustrie, die eigentlich an Fachkreise gerichtet sind, da sie meist bestimmte Anwendungsbeschränkungen für rezeptpflichtige Arzneimittel enthalten.[118]

6.2.3 IQWiG

Ein gemeinsamer Bundesausschuss (GBA), zusammengesetzt aus Vertretern der Ärzte, der Krankenhäuser und Krankenkassen, hat – auf gesetzliche Anordnung nach § 139a SGB V – das Institut für Qualität und Wirtschaftlichkeit im Gesundheitswesen" (IQWiG) gegründet. Dieses soll Arzneimittel auf deren Nutzen untersuchen und bewerten und unabhängige Arzneimittelinformationen an Patienten herausgeben, aber auch Ärzten und Apothekern eine verlässliche Orientierung sein (vgl. § 35 b SGB V). Seit Februar 2006 hat das IQWiG das Informationsportal

117 Vgl. Rieß, Publikumswerbeverbot, S. 34.

118 http://www.bfarm.de/cln_012/DE/Home/startseite__node.html__nnn=true

„www.gesundheitsinformation.de" gegründet, auf dem alle interessierten Patienten unabhängige und wissenschaftlich überprüfte Informationen über Krankheiten, Therapien oder Diagnoseverfahren abrufen können.[119]

6.2.4 PharmNet.Bund

PharmNet.Bund.de ist ein Kooperationsprojekt der deutschen Zulassungsbehörden (Bundesinstitut für Arzneimittel und Medizinprodukte (BfArM), Paul-Ehrlich-Institut (PEI) und Bundesamt für Verbraucherschutz und Lebensmittelsicherheit (BVL)) mit dem Robert Koch-Institut (RKI) und dem Deutschen Institut für Medizinische Dokumentation und Information (DIMDI), das in enger Zusammenarbeit mit den für die Arzneimittelüberwachung zuständigen Behörden der Länder koordiniert und durch die Zentralstelle der Länder für Gesundheitsschutz bei Arzneimitteln und Medizinprodukten (ZLG) durchgeführt wird. Mit diesem Projekt soll schrittweise ein integriertes Arzneimittel-Informationssystem entstehen, das die bundesweit vorliegenden amtlichen Daten im Rahmen der Zulassung/Registrierung und Überwachung von Arzneimitteln in Deutschland zentral zur Verfügung stellt.[120] Auf Grund dieser zentralen Stellung im System der Arzneimittelinformation soll das Projekt im Folgenden näher dargestellt werden.

6.2.4.1 Ziel

Über das PharmNet.Bund-Portal werden Informationen zu Arzneimitteln aus dem Arzneimittel-Informationssystem der zuständigen Bundesoberbehörden für die Öffentlichkeit zur Verfügung gestellt. Dabei sind neben administrativen Daten rund um die Zulassung von Arzneimitteln auch Fach- und Gebrauchsinformationen enthalten. Das Internetportal soll als zentrale Plattform Patienten, Ärzten und Apothekern Gelegenheit zur Recherche bieten, Behörden effiziente Bearbeitungsmöglichkeiten und der pharmazeutischen Industrie komfortable Vorlagemöglichkeiten, z.B. im Zulassungsverfahren, geben. Ziel ist es, dadurch erheblich schlankere Kommunikationsstrukturen im Gesundheitssystem zu etablieren und damit auch die zeitlich-ökonomischen Belastungen für alle Partner im Gesundheitssystem zu senken. Auch soll ein Grundstein gelegt werden für den dringend erforderlichen Austausch von Arzneimittelinformationen auf europäischer Ebene.[121]

---

119 Vgl. Rieß, Publikumswerbeverbot, S. 34.
120 Siehe unter: http://www.pharmnet-bund.de
121 Siehe: http://www.pharmnet-bund.de

6.2.4.2 Geplante Module

Folgende verschiedene Module sollen bei PharmaNet.Bund abrufbar sein:

6.2.4.2.1 Elektronische Änderungsanzeigen

"Elektronische Änderungsanzeigen" ist ein Teilprojekt der elektronischen Antragsstellung. Es umfasst zurzeit die Online-Erfassung aller nationalen Änderungsanzeigen und Änderungen aus dem Verfahren der gegenseitigen Anerkennung und dem dezentralisierten Verfahren beim BfArM. Für die anderen Behörden erfolgt die Komplettierung der Daten sukzessive. Der Zugriff ist auf die Bundesoberbehörden sowie pharmazeutische Unternehmer beschränkt.[122]

6.2.4.2.2 PharmNet-Clinical Trials (CT)

Das Modul enthält nationale Daten zu klinischen Prüfungen von Arzneimitteln, wie sie vom Sponsor bei den zuständigen Arzneimittelbehörden im Rahmen des Genehmigungsverfahrens eingereicht werden. Die Datenbank ist seit Anfang Mai 2007 im Echtbetrieb und wird derzeit ausschließlich von den Zulassungsbehörden genutzt. Weiterhin sollen Inhalte und Umfang gemäß der europäischen EudraCT-Datenbank weiterentwickelt werden (z.B. Verordnung zu Kinderarzneimitteln, behördeninterner Teil).[123]

6.2.4.2.3 PharmNet-Register

In dem Modul PharmNet-Register werden folgende drei Bereiche zusammengefasst:

Das GMP-Register, das TFG-§9-Register und das Geweberegister (TPG-§8f). Gegenstand des GMP-Registers ist die Einführung einer nationalen Good-Manufactoring-Practice-Datenbank, in der Daten über Herstellungs- und Einfuhrerlaubnisse sowie GMP-Zertifikate bzw. Non-Compliance-Meldungen erfasst werden. Diese Daten sollen z.T. an die europäische Datenbank EudraGMP weitergeleitet werden.

Das für die Öffentlichkeit zugängliche TFG-§9-Register wird auf Grundlage des Transfusionsgesetzes (TFG) § 9 errichtet und wird Daten über Einrichtungen enthalten, die Blutstammzellzubereitungen herstellen und in den Verkehr bringen

---

122 Siehe: http://www.pharmnet-bund.de

123 Siehe: http://www.pharmnet-bund.de

oder einführen. Der Beginn der Datenerfassung wird zeitgleich mit Start des GMP-Registers erfolgen.

Das Geweberegister, das auf Grundlage des Transplantationsgesetzes (TPG) § 8f errichtet wird, ist ein analog zum TFG-§9-Register neu zu schaffendes öffentliches Register mit Informationen zur Identifikation und Erreichbarkeit von Gewebeeinrichtungen.[124]

6.2.4.2.4 AMIce

Das neue Informationssystem wird die Informationen des aktuellen Informationssystems der Zulassungsbhörden (AMIS) aufnehmen (AMIS – öffentlicher Teil, AMIS – Medizinischer Dienst und AMIS für die Bundesländer) und um weitere Daten aus dem PharmNet.Bund-Pool ergänzen. Daraus soll ein einheitlicher nationaler Datenpool entstehen, welcher auch den störungsfreien Datenaustausch mit europäischen Datenbanken (EudraPharm) und der europäischen Arzneimittelargentur (EMEA) ermöglicht soll. Eine erste Ausbaustufe dieses Arzneimittelinformationssystems ist bereits jetzt über PharmaNet.Bund ohne Nutzungsvertrag zugänglich. Die Recherche und Ausgabe einiger Daten wie Arzneimittelname, Fach- und Gebrauchsinformation oder Public Assessment Reports (PAR) sind kostenfrei. PAR sind gemäß Gesetz zu veröffentlichende Bewertungsberichte. Die wissenschaftlichen Zusammenfassungen auf Basis von Informationen aus dem Zulassungsverfahren beschreiben Qualität, Wirksamkeit und Unbedenklichkeit eines Arzneimittels.[125]

6.2.4.2.5 PharmSearch

„PharmSearch“ soll den interaktiven Zugriff auf Inhalte der verschiedenen PharmNet.Bund-Module bieten und eine komfortable Recherche nach Arzneimittelinformationen für alle Nutzergruppen ermöglichen. Die technische Basis hierfür wurde bereits als DIMDI PharmSearch für die Recherche in ABDA-Daten gelegt.[126]

---

124 Siehe: http://www.pharmnet-bund.de
125 Siehe: http://www.pharmnet-bund.de
126 Siehe: http://www.pharmnet-bund.de

6.2.4.3 Erste Bewertung von PharmNet.Bund

Die Recherche über PharmNet.Bund ist nach einer ersten Einschätzung zum gegenwärtigen Entwicklungsstand nicht empfehlenswert, da die Seite umständlich zu nutzen und unübersichtlich aufgebaut ist. Die eigentlichen Informationen sind oft wenig tiefgehend oder ohne Fachwissen schwer einzuordnen und zudem kostenpflichtig. Dies scheint besonders vor dem Hintergrund unbefriedigend, dass es sich um Informationen aus großteils mit Steuergeldern bezahlten Institutionen handelt, wie dem Bundesministerium für Gesundheit oder dem BfArM.[127]

6.2.5 Arzneimittelkommission der deutschen Ärzteschaft

Patienten haben auch Zugang zum kostenlosen Newsletter der Arzneimittelkommission der deutschen Ärzteschaft (AkdÄ) und können auf der Hauptseite auch Patienteninformationen zu ausgewählten Krankheiten abrufen.[128]

Die AkdÄ erhält laut Statut Aufgaben von der Bundesärztekammer und informiert die Ärzteschaft vielfältig und aktuell über rationale Arzneitherapie und Themen der Arzneimittelsicherheit. Die Aufgaben und Tätigkeiten der AkdÄ sind im Tätigkeitsbericht der Bundesärztekammer aufgeführt. Mit den Therapieempfehlungen bietet sie pharmakotherapeutische Problemlösungen auf der Basis validierter und klinisch relevanter Forschungsergebnisse an.
Unerwünschte Arzneimittelwirkungen (UAW) müssen der AkdÄ gemäß ärztlicher Berufsordnung mitgeteilt werden. Mit dem Bundesinstitut für Arzneimittel und Medizinprodukte (BfArM) unterhält sie den Ärzteausschuss Arzneimittelsicherheit und eine Datenbank zur Spontanerfassung unerwünschter Arzneimittelwirkungen. Die bereitgestellten medizinischen Informationen auf der Website der AkdÄ sind dazu bestimmt, die bestehende Arzt-Patienten-Beziehung zu unterstützen und die Kommunikation zu fördern. Im Einzelnen sind dazu folgende Angebote abrufbar:

6.2.5.1 Drug-Safety-Mail

Die Arzneimittelkommission der deutschen Ärzteschaft verschickt auf Anfrage einen Newsletter über aktuelle Rückrufe und Warnmeldungen. Mit der sog.

[127] Vgl. WDR online: "Medikamente – ein Geschäft", siehe unter: http://www.wdr.de/tv/servicezeit/gesundheit/sendungsbeitraege/2008/1222/02_geschaeft_medikament.jsp

[128] Siehe unter: http://www.akdae.de

„Drug-Safety-Mail“ können Risikoinformationen aktuell per E-Mail an die Patienten verschickt werden. Der kostenlose Newsletter weist auf neue Risikoinformationen zu Arzneimitteln (z. B. Risikobekanntgaben, Rote-Hand-Briefe, etc.) in der Rubrik Arzneimittelsicherheit hin. Durch das Abonnement dieses Newsletters erhalten die Patienten die jeweils aktuellen Informationen automatisch per E-Mail.

6.2.5.2 Bekanntgaben und Mitteilungen

Es können die im aktuellen Jahr publizierten Meldungen der AkdÄ aus dem Deutschen Ärzteblatt (DÄ) eingesehen werden.

6.2.5.3 Rote-Hand-Briefe

Die von pharmazeutischen Unternehmern versandten sog. Rote-Hand-Briefe, mit denen die Fachkreise über neu erkannte, bedeutende Arzneimittelrisiken und zweckmäßige Gegenmaßnahmen informiert werden sind auf dieser Seite abrufbar.

6.2.5.4 Dear Doctor Letter

Auch der von den pharmazeutischen Unternehmern versandte sog. "Dear Doctor Letter", der eigentlich an die Ärzteschaft gerichtet ist, kann hier eingesehen werden.

6.3 Internationale öffentlich-rechtliche Informationsquellen über Arzneimittel

6.3.1 Swissmedic

Swissmedic, das Schweizerische Heilmittelinstitut, ist bezüglich seiner Aufgabenstellung dem deutschen BfArM vergleichbar und ist deshalb auch als Informationsquelle für Patienten in Deutschland zu betrachten. Seit Januar 2007 werden Arzneimittelinformationen auf Deutsch im Internet zur Verfügung gestellt. Die schweizerische Regulierungsbehörde „Swissmedic“ hatte eine entsprechende Richtlinie verabschiedet, die eine klare Trennung zwischen Werbung und Information ermöglichen soll. Ziel war die Sicherstellung einer qualitativ hochwertigen Patienteninformation über das Internet bei gleichzeitiger Vermeidung werblicher Inhalte.[129]

6.3.2 EMEA

Auf der Seite der European Medicines Agency (EMEA) sind öffentliche Bewertungsberichte der europäischen Zulassungsbehörde nach Produktnamen sortiert abrufbar. Die europäische Zulassungsbehörde EMEA bietet unter dem Stichwort „EPARS“ („European Public Assessment Reports“ = „Europäische öffentliche Beurteilungsberichte“) die öffentlichen Beurteilungsberichte zu allen in der EU zugelassenen Arzneimitteln. Trotz der englischen Seitenführung liegt die „Summary for the public“ („Zusammenfassung für die Öffentlichkeit“) für jedes Arzneimittel auch auf Deutsch vor.[130]

6.4 Informationen durch private Marktteilnehmer

Auch private Marktteilnehmer veröffentlichen zunehmend eigens zusammengestellte Informationen. Hierzu zählen zum einen die Informationsangebote von Patientenorganisationen sowie zahlreiche Internetseiten, die sich keiner eindeutigen Quelle zuordnen lassen.

6.4.1 Patientenorganisationen

Zunehmend steigt die Zahl der Patientenorganisationen, durch die Betroffene ihre Erfahrungen mit verschiedenen Behandlungsmethoden und Therapieformen austauschen und sich gegenseitig, in einigen Fällen unter Moderation von Fachleuten, beraten. Da sich das Publikumswerbeverbot für verschreibungspflichtige Arzneimittel auch auf die Kommunikation zwischen Hersteller und Patientenorganisation erstreckt, gibt es für die Informationsgewinnung für solche Patientengruppierungen keine generellen Ausnahmen. Selbsthilfe-, Patienten- und Angehörigengruppen sind jedoch in hohem Maße auf Informationen angewiesen, auf deren Richtig- und Sachlichkeit sie vertrauen können. In Anbetracht der Tatsache, dass sowohl das Internet als auch Printmedien und Fernsehen eine Vielzahl von Berichten zu gesundheitlichen Themen sowie Arzneimitteln erhalten, deren Seriosität sowie inhaltliche Vollständigkeit und Richtigkeit nur selten gewährleistet ist, erscheint es umso

---

[129] Swissmedic outlines new guidelines on internet advertising and information, in: SCRIP – World Pharmaceutical News, Nov. 24th 2006, No 3212, S. 2.

[130] Siehe unter: http://www.emea.europa.eu/home.htm

umso wichtiger, dem Patienten Informationen aus vertrauenswürdiger und fachlich versierter Quelle an die Hand zu geben. [131]

Zusammenfassend ist festzuhalten, dass es im Internet bereits eine Vielzahl auch für Patienten verfügbare Informationen gibt, die aber häufig nicht breit bekannt sind oder bei denen es auf Grund des behördlichen Charakters Berührungsängste gibt. Aus diesem Grund bilden private Informationsdienstleister, die ihre Angebote häufig auch wirksam bewerben, nach wie vor eine wichtige Informationsquelle für Patienten und interessierte Bürger mit allen Problemen bei der Selektion und Bewertung der gegebenen Informationen. In die abschließende Bewertung des Publikumswerbeverbotes müssen sie dennoch einbezogen, können hier aber nur in der gebotenen Kürze diskutiert werden.

6.4.2 Internetquellen diverser privater Marktteilnehmer

Inzwischen gibt es zahlreiche Quellen zu Arzneimitteln, die sich keinem der Marktteilnehmer direkt zurechnen lassen und bei denen oft nicht klar ist, woher die Informationen ursprünglich stammen und wie sich die betreffenden Quellen finanzieren. Die wichtigste dieser privaten Quellen stellt wohl die Stiftung Warentest dar, die als Stiftung zwar keinen Erwerbszweck verfolgt, aber die zusammengestellten Informationen nur gegen Bezahlung herausgibt.[132]

Schließlich gibt es eine nicht zu beziffernde Anzahl von Internetquellen, die in den meisten Fällen weder verifiziert ist, noch bei ihnen ersichtlich ist, wer sich dahinter verbirgt. Der Anteil an potentiell gefährlichen Fehlinformationen ist daher hier besonders groß.[133]

Im Rahmen der Informationsbeschaffung über das Internet ist es Patienten auch in Europa möglich, auf englischsprachige Internetseiten der Hersteller, mit denen in den USA die Patienten informiert werden sollen, zuzugreifen. Hier ergibt sich ein Informationsungleichgewicht, da solche Informationen nur den englischsprachigen europäischen Patienten zugute kommen. Darüber hinaus können die in anderen Ländern zugelassenen Arzneimittel von den in der EU zugelassenen Medikamenten abweichen und diesbezügliche Informationen somit unter Umständen

131 Lorz, in: GRUR Int. 2005, S. 894 (898).
132 Rieß, Publikumswerbeverbot, S. 35 (m.w.N.).
133 Rieß, Publikumswerbeverbot, S. 36.

Gefahren hinsichtlich Anwendung, Dosierung und Nebenwirkungen mit sich bringen.[134]

Auch verschiedene Online-Gesundheitsportale in Deutschland bieten Informationen zum Thema Gesundheit und Medizin. Dabei verfügen viele Seiten über ein umfangreiches Angebot an Inhalten und Hilfestellungen zu Krankheitsbildern und Symptomen, liefern Informationen rund um den Arztbesuch und klären über medizinischen Verfahren auf. In einem Test der Stiftung Warentest der Ausgabe 06/2009 wurden verschiedene kostenlose Gesundheitsportale auf die inhaltliche Qualität, die Handhabung der Website und den Umgang mit Anfragen überprüft. Im Ergebnis bekamen die Portale *GesundheitPro.de*, *netdoktor.de* und *vitanet.de* die Note „gut". Die Informationen seien vollständig, die Texte leicht zu verstehen und die Websites übersichtlich gestaltet. Am schlechtesten schnitten die Portale *imedo.de* und *paradisi.de* ab. Sie bekamen nur ein „ausreichend". Beide konnten inhaltlich und auch mit der Gestaltung ihrer Seite nicht überzeugen. Zudem fehle bei paradisi.de eine Suchfunktion, was den Zugang zu Informationen erschwere.

Der heimliche Gewinner des Tests ist jedoch *wikipedia.de*. Offiziell hat die freie Enzyklopädie gar nicht am Test teilgenommen, da die Informationen hier nicht von einem Anbieter zur Verfügung gestellt werden. Wikipedia bestach dennoch durch die Übersichtlichkeit der Informationen und deren Ausführlichkeit. Zudem konnte Wikipedia bei der Darstellung und dem Einsatz von Multimedia überzeugen.[135] Computer und Internet bieten auf jeden Fall bisher ungekannte Möglichkeiten der Information, die sich sowohl auf Seiten der Patienten als auch auf Seiten der Ärzte auf die medizinische Entscheidungsfindung und somit auf die Arzt-Patienten-Beziehung auswirken.

In einer schottischen Studie[136] wurden Allgemeinärzte befragt, welche Erfahrungen sie mit Patienten gemacht haben, die das Internet für Gesundheitsinformationen nutzen. Insgesamt erscheinen diese Patienten den Ärzten aktiver und anspruchsvoller, sie verfügen über zutreffende Informationen, die sie aber häufig falsch interpretieren und die den Ärzten zu mehr als der Hälfte nicht bekannt sind; sie beanspruchen mehr Zeit und werden von etwas weniger als der Hälfte der Ärzte als

---

134 Rieß, Publikumswerbeverbot, S. 36.

135 Siehe: Stiftung Warentest, Ausgabe 06/2009; vgl. auch Bericht der Bild online, unter: http://www.bild.de/BILD/ratgeber/gesund-fit/2009/05/29/gesundheitsportale-im-internet/im-test-von-stiftung-warentest.html

136 Wilson SM, Impact of the Internet on Primary Care Staff in Glasgow, J Med Internet Res 1999; 1: e7; abrufbar unter: http://www.jmir.org/1999/2/e7/; vgl. dazu auch: Klemperer, S. 12.

willkommenen Herausforderungen angesehen. Der Anteil der Menschen, die Zugang zum Internet haben und dort medizinische Informationen sucht, wächst. Es ist absehbar dass in einigen Jahren ein großer Teil der Patienten, die einen Arzt aufsuchen, bereits über Informationen zu ihren Symptomen bzw. zu ihrer Krankheit verfügt und diese mit dem Arzt besprechen möchten. Dies wird den Arzt in seiner Rolle als Spezialisten für medizinisches Wissen nicht überflüssig machen. Eher ist damit zu rechnen, dass der Patient durch seine Recherche im Internet mit Fragen an den Arzt herantritt, die durch die eigenständige Befassung mit Gesundheitsthemen aufgeworfen werden. Der vorinformierte, fragende und fordernde Patient ist aber naturgemäß mit einer paternalistischen Arzt-Patienten-Beziehung nicht zufrieden zu stellen.[137]

---

137 Klemperer, S. 12.

7. Verfassungsmäßigkeit des deutschen Publikumswerbeverbotes

Besonders vor dem Hintergrund der heute für den Patienten bereits schon zugänglichen zahlreichen Informationsquellen, welche allerdings nicht immer von medizinisch qualifizierter und fachlich versierter Seite stammen, ist fraglich, ob eine vollständige staatliche Unterdrückung der Arzneimittelinformation durch die jeweiligen Pharmahersteller noch zeitgemäß und vor allem noch verfassungsrechtlich zu rechtfertigen ist.

Auch wenn die Verfassungsmäßigkeit des Publikumswerbeverbotes nicht den primären Gegenstand dieser Arbeit darstellt, soll sie dennoch kurz beleuchtet werden, da heute zunehmend in Zweifel gezogen wird, ob das pauschale Verbot jeglicher Publikumswerbung einer verfassungsrechtlichen Überprüfung standhält.[138]

Fraglich ist zunächst, ob der bisherige weite Begriff der Werbung im Hinblick auf Sinn und Zweck des Heilmittelwerberechtes einer einschränkenden Auslegung bedarf, sofern es um die Veröffentlichung sachlicher Informationen geht.

Da, wie gezeigt, Telos des Publikumswerbeverbotes für Arzneimittel vorrangig der Schutz des Verbrauchers vor unrichtiger oder unsachlicher Beeinflussung und damit der Gesundheitsschutz ist, muss diese Schutzrichtung bei der Auslegung des Werbebegriffs berücksichtigt werden: Sofern daher von der Information keine Gefahr für die Gesundheit des Patienten ausgeht oder sich die Informationsunterdrückung sogar als kontraproduktiv darstellt, fehlt eine sachliche Rechtfertigung für das Verbot.[139] In diesem Falle würde es gegen das Verfassungsrecht verstoßen.

7.1 Die durch Das Publikumswerbeverbot des § 10 Abs. 1 HWG betroffenen Grundrechtspositionen

Zunächst ist zu prüfen, welche Grundrechtspositionen der durch das Verbot Betroffenen beeinträchtigt werden, da diese Grundrechte bei der verfassungskonformen Auslegung des Publikumswerbeverbotes berücksichtigt werden müssen.

---

138 Barth, in: Pharmind 2003, S. 572 ff; Stoll, in: PharmR 2004, S. 100 ff.; Lorz, in: GRUR Int. 2005, S. 894 ff.

139 Lorz, in: GRUR Int. 2005, S. 894 (896).

7.1.1 Die Grundrechtspositionen der Patienten

7.1.1.1 Art. 5 Abs. 1 S. 1 GG (Informationsfreiheit)

a) Schutzbereich
Die durch das Werbeverbot des § 10 Abs. 1 HWG unterbundene Möglichkeit, sich aus der allgemein zugänglichen Informationsquelle „Werbung“ (unabhängig davon, welches konkrete Medium für sie benutzt wird, seien es schriftliche Publikationen, Printmedien, Rundfunk, Fernsehen oder das Internet etc.) über die betreffenden Arzneimittel informieren zu können, fällt in den Schutzbereich des Grundrechts der Informationsfreiheit aus Art. 5 Abs. 1 S. 1 GG.[140]

b) Eingriff in den Schutzbereich
Allerdings müsste das Werbeverbot auch einen *Eingriff* in den Schutzbereich der Informationsfreiheit darstellen. Ein solcher liegt in jeder Maßnahme, die den Zugang zur Information verwehrt oder auch nur verzögert. Dass den Verbrauchern bzw. Patienten durch das Werbeverbot des Art. 10 Abs. 1 HWG der Zugang zu den in der Werbung enthaltenen Informationen verwehrt wird, liegt auf der Hand.[141] Problematisch könnte jedoch sein, dass § 10 Abs. 1 HWG den Normbefehl ausschließlich an die Verbreiter der Werbung richtet, indem sie diesen die Vornahme von Werbung und damit das Verbreiten der hierin enthaltenen Informationen untersagt. In der Vorschrift liegt somit gegenüber dem Werbeadressaten resp. Patienten kein durch die Merkmale der imperativen Zwangswirkung, der Unmittelbarkeit und der Finalität gekennzeichneter „klassischer“ Grundrechtseingriff. Allerdings ist heute allgemein anerkannt, dass das Vorliegen eines Grundrechtseingriffs auch auf solche (wie vorliegend) faktischen Grundrechtseingriffe angewendet werden kann, da sich ansonsten die staatlichen Organe durch die Wahl geeigneter Handlungsformen ihrer Grundrechtsbindung entziehen könnten. Danach ist es ausreichend für einen Grundrechtseingriff, wenn eine an Dritte gerichtete staatliche Maßnahme *final*, also gezielt die geschützte Freiheitsposition des Grundrechtsträgers einschränken soll.[142] Da das vom Gesetzgeber bezweckte Ziel des Publikumswerbeverbots gerade darin liegt, die Patienten vor den Werbeinformationen für solche Arzneimittel zu „schützen“, indem die Informationen unter-

---

140 Sodan/Zimmermann, S. 37.
141 Ebenda.
142 Siehe für viele: Sachs, in: Sachs, Art. 1, Rn. 78 ff.

bunden werden, liegt eine finale, ziel- und zweckgerichtete Beeinträchtigung der Informationsfreiheit der Patienten vor.
Zudem kann das Vorliegen eines Eingriffs auch danach ermittelt werden, ob das betreffende Grundrecht nach seinem *Schutzzweck* darauf gerichtet ist, auch eine Beeinträchtigung dieser Art abzuwehren. Die Funktion der Informationsfreiheit liegt darin, vor staatlichen Informationsbeschränkungen zu schützen. Eine solche wird häufig gerade nicht unmittelbar an die Informationsadressaten (hier die Patienten) gerichtet sein, sondern eine unmittelbare Reglementierung der Informationsfreiheit beinhalten. Dann aber muss die Informationsfreiheit auch solche für den Informationsadressaten (Patienten) lediglich mittelbar wirkende Einschränkungen schützen.[143]
Damit ist ein Eingriff in Art. 5 Abs. 1 S. 1 GG zu bejahen.

c) Schranken
Wie alle in Art. 5 Abs. 1 GG enthaltenen Grundrechte unterliegt auch die Informationsfreiheit den in Art. 5 Abs. 2 GG enthaltenen Schrankentrias, nach welchen diese Rechte ihre Grenzen in den Vorschriften der allgemeinen Gesetze, den gesetzlichen Bestimmungen zum Schutze der Jugend und dem Recht der persönlichen Ehre finden. Das Bundesverfassungsgericht[144] geht davon aus, dass es für ein „allgemeines Gesetz" im Sinne des Art. 5 Abs. 2 GG ausreicht, wenn das fragliche Gesetz dem Schutz eines schlechthin, ohne Rücksicht auf eine bestimmte Meinung zu schützenden Rechtsgut dient. Danach muss auch der das Publikumswerbeverbot regelnde § 10 Abs. 1 HWG als „allgemeines Gesetz" im Sinne des Art. 5 Abs. 2 eingestuft werden, da diese Vorschrift dem Gesundheitsschutz der Patienten dient, indem sie vor den Gefahren der Selbstmedikation mit verschreibungspflichtigen Medikamenten und der Beeinträchtigung der sachlichen Unbeeinflusstheit des behandelnden Arztes durch Patientenwünsche schützen soll.[145] Somit ist § 10 Abs. 1 HWG als „allgemeines Gesetz" im Sinne des Art. 5 Abs. 2 anzusehen.

Daneben kommt noch eine weitere, ungeschriebene Beschränkungsmöglichkeit für Kommunikationsfreiheiten des Art. 5 Abs. 1 GG in Betracht: die verfassungsimmanenten Schranken. Danach sind mit Rücksicht auf die Einheit der Verfassung und die von ihr geschützte gesamte Werteordnung, kollidierende Verfassungswerte imstande, auch vorbehaltlos gewährte Grundrechte zu begrenzen. Zu

---

143 Sodan/Zimmermann, S. 39.
144 Siehe etwa BVerfGE 62, S. 230 (244); 71, S. 162 (175).
145 Vgl. Sodan/Zimmermann, S. 44.

diesen Verfassungswerten gehören Grundrechte Dritter und andere mit Verfassungsrang ausgestattete Rechtswerte.[146] Art. 2 Abs. 2 S. 1 GG schützt das Recht auf Leben und körperliche Unversehrtheit. Die körperliche Unversehrtheit umfasst zum einen die Gesundheit im biologisch-physiologischen Sinne[147] und zum anderen ganz allgemein das Freisein von krankhaften Zuständen einschließlich psychischer Krankheiten.[148] Dabei ergibt sich aus diesem Grundrecht die Pflicht der Staatsorgane, die Rechtsgüter des Art. 2 Abs. 2 GG vor rechtswidrigen Eingriffen zu schützen.[149] Somit kann der Gesundheitsschutz zur verfassungsimmanenten Grundrechtsbeschränkung herangezogen werden. Da § 10 Abs. 1 HWG letztlich den Gesundheitsschutz der Patienten bezweckt, stellt er eine gesetzliche Ausprägung der verfassungsimmanenten Schranke des Gesundheitsschutzes dar, sodass er der Informationsfreiheit aus Art. 5 Abs. 1 S. 1 GG selbst außerhalb der Schrankentrias des Art. 5 Abs. 2 GG eine Schranke setzen kann.[150]

7.1.1.2 Art. 2 Abs. 2 S. 1 GG

a) Schutzbereich

Durch das Publikumswerbeverbot können die Patienten zudem in ihrem Grundrecht aus Art. 2 Abs. 2 S. 1 GG betroffen sein. Dieses umfasst – wie bereits dargestellt – die Gesundheit im biologisch-physiologischen Sinne[151] und das Freisein von krankhaften Zuständen einschließlich psychischer Krankheiten.[152]

b) Eingriff

Dabei können auch Maßnahmen, die sich bloß mittelbar oder indirekt auf die körperliche Unversehrtheit auswirken, Eingriffe in Art. 2 Abs. 2 S. 1 GG darstellen.[153] Da es dem freien Bürger möglich sein muss, selbst und eigenverantwortlich für seine Gesundheit zu sorgen und darüber zu entscheiden, wie er Schädigungen seiner Gesundheit behandelt oder behandeln lässt, fällt auch das Recht auf Selbstbe-

---

146 Siehe etwa BVerfGE 28, S. 243 (261).

147 Vgl. BVerfGE 56, S. 54 (73).

148 So jedenfalls die vorzugswürdige Ansicht, vgl. Murswiek, in: Sachs, Art. 2, Rn. 149; siehe auch Sodan/Zimmermann, S. 46.

149 BVerfGE 56, S. 54 (73) – st. Rspr.

150 Sodan/Zimmermann, S. 46.

151 Vgl. BVerfGE 56, S. 54 (73).

152 So jedenfalls die vorzugswürdige Ansicht, vgl. Murswiek, in: Sachs, Art. 2, Rn. 149; siehe auch Sodan/Zimmermann, S. 46.

153 Sodan/Zimmermann, S. 46; m.w.N.

handlung in den Schutzbereich des Art. 2 Abs. 1 S. 1 GG. Das Selbstbehandlungsrecht umfasst also nicht nur das Recht, sich selbst zu behandeln, sondern insgesamt die freie Entscheidung darüber, ob und vor allem wie oder von wem man sich behandeln lässt. Staatliche Maßnahmen, die dieses Recht einschränken, stellen daher ebenfalls Eingriffe in das Grundrecht des Art. 2 Abs. 2 S. 1 GG dar.[154] Da den Patienten durch das Publikumswerbeverbot notwendige Informationen für die Ausübung des Selbstbehandlungsrechts z.B. hinsichtlich der Kommunikation mit dem Arzt, vorenthalten werden, greift die Vorschrift des § 10 Abs. 1 HWG in das Grundrecht der Patienten auf körperliche Unversehrtheit nach Art. 2 Abs. 2 S. 1 GG ein.[155]

c) Schranken

Aufgrund des einfachen Gesetzesvorbehaltes des Art. 2 Abs. 2 S. 3 GG darf in das Grundrecht auf Leben und körperliche Unversehrtheit „nur auf Grund eines Gesetzes eingegriffen werden", was aber die Eingriffsmöglichkeit unmittelbar durch ein Gesetz nicht ausschließt. Durch § 10 Abs. 1 HWG ist der Schrankenvorbehalt des Art. 2 Abs. 2, S. 1, 3 GG ausgefüllt worden.[156]

7.1.2 Grundrechte der Werbetreibenden

Auch die Verbreiter von entsprechenden Werbeinformationen werden durch das Publikumswerbeverbot betroffen. Bei den Werbungstreibenden handelt es sich vornehmlich um die Arzneimittelhersteller, aber auch sonstige Personengruppen wie z.B. Großhändler, Importeure, Einzelhändler (Apotheker), Krankenanstalten, Ärzte, Pharmareferenten, Werbeagenturen etc., fallen hierunter.[157]

---

154 Sodan/Zimmermann, S. 48.
155 Vgl. Sodan/Zimmermann, S. 48.
156 Vgl. Sodan/Zimmermann, S. 50.
157 Doepner, HWG, § 1, Rn. 13.

7.1.2.1 Art. 5 Abs. 1 S. 1 GG (Meinungsfreiheit)

a) Schutzbereich

Das Grundrecht der Meinungsfreiheit in Art. 5 Abs. 1 S. 1 GG schützt das Recht, seine Meinung in Wort, Bild und Schrift frei zu äußern und zu verbreiten. In Art. 5 Abs. 1 S. 1 GG erfolgt keine Begrenzung der geschützten Meinung, sodass deren Begriff grundsätzlich weit zu verstehen ist. Maßgeblich ist die Stellungnahme im Rahmen einer geistigen Auseinandersetzung; auf deren Wert, die Richtigkeit oder die Vernünftigkeit der Äußerung kommt es dabei nicht an.[158] Ob danach auch Wirtschaftswerbung in den Schutzbereich der Meinungsfreiheit fällt, ist problematisch.[159] Nach aktuellerer Rechtsprechung des Bundesverfassungsgerichts ist Werbung jedenfalls dann vom Schutzbereich der Meinungsfreiheit umfasst, wenn sie einen wertenden, meinungsbildenden Inhalt hat oder Angaben enthält, die der Meinungsäußerung dienen.[160] Bei der Frage, ob auch Tatsachen unter die Meinungsfreiheit fallen, geht das Bundesverfassungsgericht einen Mittelweg und subsumiert Tatsachenbehauptungen unter den Schutzbereich der Meinungsfreiheit soweit sie Voraussetzung der Bildung von Meinungen sind, also in der Äußerung Elemente der Tatsachenmitteilung enthalten sind.[161]
Damit stellt sich Wirtschaftswerbung in den meisten Fällen als „Meinung" im Sinne des Schutzbereichs des Art. 5 Abs. 1 S. 1 GG dar, selbst wenn sie sich weitgehend auf die rein sachliche Information über das beworbene Produkt beschränkt.[162] Wirtschaftswerbung wird regelmäßig von Wirtschaftsunternehmen betrieben, die dadurch den Absatz ihrer Produkte fördern wollen. Auch juristische Personen des Privatrechts sind Träger der Meinungsfreiheit des Art. 5 Abs. 1 S. 1 GG, da dieses Grundrecht gemäß Art. 19 Abs. 3 GG wesensmäßig auf sie anwendbar ist.[163]

b) Eingriff

Durch das Publikumswerbeverbot des § 10 Abs. 1 HWG wird ein unter den Schutzbereich der Meinungsfreiheit fallendes Verhalten, nämlich die Publikums-

---

158 BVerGE 61, S. 1 (7 f.); 65, S. 1 (41); 66, S. 116 (14); 33, S. 1 (14).

159 Ausführlichere Darstellung hierzu bei Poschenrieder, S. 265 f.; Sodan/Zimmermann, S. 51 f.

160 BVerfGE 71, S. 162 (175); 102, S. 347 (359); 95, S. 173 (182).

161 BVerfGE 61, S. 1 (8).

162 Vgl. Poschenrieder, S. 266, Sodan/Zimmermann, S. 54.

163 Bethge, in: Sachs, Art. 5 Rn. 24; vgl. Sodan/Zimmermann, S. 55.

werbung für verschreibungspflichtige Arzneimittel verboten, sodass ein Eingriff in die Meinungsfreiheit gegeben ist.

c) Schranken

Da die Möglichkeiten der Einschränkung der Meinungsfreiheit des Art. 5 Abs. 1 S. 1 GG durch die Vorschrift des Art. 10 Abs. 1 HWG bereits oben ausführlich behandelt wurden, kann auf die dortigen Ausführungen verwiesen werden. Somit ist § 10 Abs. 1 HWG als „allgemeines Gesetz" im Sinne des Art. 5 Abs. 2 GG sowie als Konkretisierung einer verfassungsimmanenten Schranke (Gesundheitsschutz Dritter) anzusehen.

7.1.2.2 Art. 12 Abs. 1 GG (Berufsfreiheit)

Zudem könnte durch das Publikumswerbeverbot die nach Art. 12 Abs. 1 GG geschützte Berufsfreiheit der Werbenden betroffen sein.

a) Schutzbereich

Von Art. 12 Abs. 1 GG wird die Freiheit der beruflichen Betätigung geschützt. Nach der Definition des Bundesverfassungsgerichts ist ein „Beruf" jede „auf Erwerb gerichtete Tätigkeit [...], die auf Dauer angelegt ist und der Schaffung und Erhaltung einer Lebensgrundlage dient".[164] Die Berufsfreiheit umfasst unter anderem die Teilgarantie der Berufsausübungsfreiheit, wovon auch die berufliche Außendarstellung – also auch Werbung – des Grundrechtsträgers erfasst wird.[165] Folglich wird auch die Arzneimittelwerbung vom Schutzbereich des Art. 12 Abs. 1 GG umfasst.

Die Berufsfreiheit ist ihrem Wesen nach auf inländische juristische Personen anwendbar, sodass das Grundrecht der Berufsfreiheit gem. Art. 19 Abs. 3 GG auch für diese gilt. Somit können sich persönlich auf die Berufsfreiheit sowohl die Arzneimittelunternehmen als auch die Werbeagenturen, Werbemedien etc. berufen, welche die Arzneimittelwerbung in Umlauf bringen.[166]

---

164 BVerfGE 102, S. 197 (212; 111, S. 10 (28).

165 BVerfGE 85, S. 248 (256).

166 Poschenrieder, S. 227.

b) Eingriff

Da in den Bereich der berufsbezogenen Tätigkeiten auch die berufliche Außendarstellung einschließlich Werbung fällt, sind staatliche Maßnahmen, die diese Tätigkeiten beschränken, Eingriffe in die Freiheit der Berufsausübung.[167]

c) Schranken

Art. 12 Abs. 1 S. 2 GG enthält einen Gesetzesvorbehalt, nach dem ein Eingriff durch Gesetz oder aufgrund Gesetzes verfassungsrechtlich gerechtfertigt sein kann. Art. 12 Abs. 1 S. 2 GG meint mit „Gesetz" jedes formelle Gesetz.[168] § 10 Abs. 1 HWG stellt ein solches formelles Gesetz dar und entspricht damit grundsätzlich dem Erfordernis des Art. 12 Abs. 1 S. 2 GG.[169]

7.2 Verfassungsrechtliche Rechtfertigung

In materiell-verfassungsrechtlicher Hinsicht ist besonders das Prinzip der Verhältnismäßigkeit zu beachten, d.h. die zur Überprüfung stehende Regelung muss einem legitimen Zweck dienen und zu dessen Erreichung geeignet, erforderlich und angemessen sein.

a) legitimes Ziel

§ 10 Abs. 1 HWG hat den Zweck, die Gesundheit vor den Folgen eines nicht kontrollierten Umgangs mit den als möglicherweise gesundheitsgefährdend angesehenen verschreibungspflichtigen Arzneimitteln zu schützen und bildet damit eine Ergänzung zu den Vorschriften über die Verschreibungspflicht selbst. Der Gesundheitsschutz ist ein legitimes, sogar überragend wichtiges Gesetzgebungsziel.[170] Das Werbeverbot soll verhindern, dass die verschreibungspflichtigen Präparate den Verbrauchern durch Werbung vor Augen geführt werden und sie unter diesem Eindruck auf die Verschreibung der Arzneimittel drängen. Somit soll gleichzeitig ein Konflikt im Vertrauensverhältnis zwischen Arzt und Patient von vornherein vermieden werden.[171]

---

167 Sodan/Zimmermann, S. 56.
168 Vgl. BVerwGE 94, S. 269 (277).
169 Poschenrieder, S. 229.
170 Vgl. BVerfGE 7, S. 377 (414 f.); Poschenrieder, S. 230.
171 Poschenrieder, S. 237.

b) Geeignetheit

Allerdings stellt sich die Frage, ob die Informationsunterdrückung überhaupt geeignet ist, diesen Gefahren zu begegnen. Bei verschreibungspflichtigen Medikamenten besteht nur eine sehr eingeschränkte Möglichkeit, durch an den Patienten adressierte Werbung den Absatz zu beeinflussen, sodass die mit einer Selbstmedikation verbundenen Risiken durch eine derartige Werbung nicht erhöht werden. Auch nach Verschreibung und Kauf des Medikamentes ist eine Bereitstellung weitergehender sachlicher Informationen unbedenklich, da solche Informationen vielmehr zur zusätzlichen Überprüfung der richtigen Anwendung herangezogen werden können. Zudem kann durch die schnellere Aktualisierungsmöglichkeit von z.B. von Internetveröffentlichungen besser auf neuere Erkenntnisse der Wissenschaft und Forschung aufmerksam gemacht werden.[172]

Ein Verbot der Informationsübermittlung seitens der Hersteller bedeutet keineswegs, dass damit die generelle Gefahr für die Entscheidungsfreiheit des Patienten gebannt wäre. Gerade in Anbetracht der zahlreichen Möglichkeiten des Patienten über das Internet an nicht verifizierte Informationen zu gelangen, scheint zweifelhaft, dass das Publikumswerbeverbot geeignet ist, sein Ziel zu erreichen. Warum Medien und Privatpersonen, die keinerlei behördlicher Kontrolle unterzogen sind, ohne Probleme Berichte über ein Medikament veröffentlichen dürfen, dies jedoch den verantwortlichen Pharmaunternehmen, welche über jahrelange Erfahrung in der Forschung, Fachkompetenz und entsprechende Ressourcen verfügen, strikt untersagt sein soll, ist nicht nachzuvollziehen.[173]

Trotz des Verbotes der Publikumswerbung seitens der Hersteller sind die Patienten dennoch permanent der Beeinflussung durch andere Stellen ausgesetzt. Das Ziel, den Patienten in seiner Entscheidungsgrundlage unbeeinflusst zu halten, kann also auch durch die Unterdrückung der Informationen seitens der Hersteller kaum erreicht werden. In Anbetracht der Tatsache, dass sowohl das Internet als auch Printmedien und Fernsehen eine Vielzahl von Berichten zu gesundheitlichen Themen sowie Arzneimitteln enthalten, deren Seriosität sowie inhaltliche Vollständigkeit und Richtigkeit nur selten gewährleistet ist, erscheint es umso wichtiger, dem Patienten Informationen aus fachlich versierter Quelle an die Hand zu geben.[174] Das Publikumswerbeverbot scheint also bereits als ungeeignet, das Ziel des Gesundheitsschutzes der Allgemeinheit zu gewährleisten.

---

172 Lorz, in: GRUR Int. 2005, S. 894 (903).

173 Barth, in: PharmInd 2003, S. 653 (656); Lorz, in: GRUR Int. 2005, S. 894 (897).

174 Lorz, in: GRUR Int. 2005, S. 894 (897).

c) Erforderlichkeit der Informationsunterdrückung

Aber selbst wenn man entsprechende Vorschriften des HWG für geeignet hält, den Patienten zu schützen, so müsste da Publikumswerbeverbot überhaupt erforderlich sein. Dies wäre der Fall, wenn kein milderes, ebenso geeignetes Mittel ersichtlich wäre. Zunächst erscheint das Publikumswerbeverbot gerade im Hinblick auf verschreibungspflichtige Arzneimittel notwendig, da ein Fehlgebrauch dieser Mittel derart schwere Konsequenzen für die Gesundheit der Patienten haben kann, dass ein strikter Verschreibungs- und Apothekenzwang erforderlich ist. Jedoch ist gerade bei diesen Medikamenten die Gefahr der Selbstmedikation viel geringer als bei nicht verschreibungspflichtigen Präparaten, da sie – zumindest auf legalem Wege – nicht ohne vorherigen Gang zu Arzt und Apotheke und die damit einhergehende Beratung und Untersuchung zu erhalten sind.[175]

Die Verschreibungspflicht führt dazu, dass es allein dem Arzt obliegt zu entschieden, ob und welches Medikament er verschreibt. Die Gegenansicht unterstellt, dass der Arzt sich den Wünschen seiner Patienten nicht entziehen könne. Damit reduziert sie die Stellung des Arztes auf die Rolle eines bloßen Mittlers zwischen Patient und Pharmaunternehmen, was seiner zentralen Rolle im Gesundheitssystem in keiner Weise gerecht wird.[176]

Abgesehen davon, dass diese Ansicht ein merkwürdiges Bild des Arztes zeichnet, das ihn eher als eine Art Handelsvertreter denn als vertrauensvoll in schwierigen Lebenslagen konsultierten Experten zeigt, ist für die Vorenthaltung sachlich richtiger Informationen im Hinblick auf das Kommunikationsverhältnis zwischen Arzt und Patient sowie das Leitbild des „informierten Patienten“ kein Raum.[177] Es darf und kann den Ärzten nicht unterstellt werden, dass sie sich durch die von der Werbung hervorgerufenen Wünsche der Patienten in ihrer fachlichen Kompetenz zur Auswahl des richtigen Arzneimittels stören lassen.[178]

Die eigenmächtige Verschaffung der vom Publikumswerbeverbot betroffenen Medikamente ist ohnehin aufgrund ihrer Verschreibungspflicht nicht möglich, sodass der die Verschreibungspflicht ergänzende Zweck des § 10 Abs. 1 HWG in der Freihaltung des Arzt-Patientenverhältnisses vor werbungsinduziertem Verschreibungsdruck des Patienten auf den Arzt liegt.[179] Ein beworbenes, wirksames

---

175 Stoll, in: PharmR 2004, S. 100 (101); vgl. auch: Lorz, in: GRUR Int. 2005, S. 894 (897); Rieß, Publikumswerbeverbot, S. 44 f.; Poschenrieder, S. 237.

176 Lorz, in: GRUR Int. 2005, S. 894 (897); Rieß, Publikumswerbverbot, S. 45.

177 Rieß, Publikumswerbeverbot, S. 45.

178 Poschenrieder, S. 238.

179 Sodan/Zimmermann, S. 100.

verschreibungspflichtiges Arzneimittel kann vom Patienten freilich mehr gewünscht und vom Arzt häufiger verschrieben werden, als ein nicht beworbenes aber ebenso wirksames. Dies stellt jedoch eine ganz normale Situation im freien Wettbewerb dar, der unserer Wirtschaftsordnung gerade zugrunde liegt und durch die Berufsfreiheit geschützt wird.[180]
Der Wunsch des Patienten nach dem wirksamsten und für ihn verträglichsten Arzneimittel ist zu akzeptieren. Natürlich erhöht dies wiederum den Druck auf die Ärzte und auch auf die Krankenkassen, gegebenenfalls teurere Arzneimittel abzugeben. Dieses Problem fußt allerdings in dem derzeitigen Gesundheitssystem und der Gebührenordnung der Ärzte und kann nicht zulasten der Patienten und einer freien Wettbewerbstätigkeit der Arzneimittelunternehmen an diese weitergegeben werden.[181]

Das Bundesverfassungsgericht[182] stellt im Hinblick auf den Schutzzweck des § 10 Abs. 1 HWG im Ergebnis fest, dass sachangemessene Informationen, die den Patienten nicht verunsichern, sondern ihn als mündigen Menschen befähigen, von der freien Arztwahl sinnvoll Gebrauch zu machen, zulässig sind.[183] Sofern also der Patient ein berechtigtes Interesse an der Erlangung der Information hat, von der Information keine (hinreichende) Gefahr für den Patienten ausgeht oder sich die Informationsunterdrückung sogar als kontraproduktiv erweist, fehlt eine sachliche Rechtfertigung für das Verbot.[184] Dies vor der Tatsache, dass das dem § 10 Abs. 1 HWG zugrunde gelegte traditionelle paternalistische Arzt-Patientenverhältnis, wonach die Entscheidung über die Behandlungsmethode ausschließlich dem Arzt obliegt, längst nicht mehr der Realität und dem modernen Patientenleitbild entspricht.[185]

Zwar beinhaltet diese Annäherung des Patienten an das Vorsprungswissen des Arztes eine potentielle Gefahr für das Vetrauensverhältnis zwischen Arzt und Patient durch das mögliche „Hineinreden“ des Patienten in den Kompetenzbereich der Ärzte, doch ist diese Gefahr zu vernachlässigen. Denn eine Aussprache zwischen Arzt und Patient, um dessen Gesundheit sich das Arzt-Patienten-Verhältnis dreht, bildet vielmehr einen entscheidenden Teil des Vertrauensverhältnisses und muss im Arzt-Patienten-Verhältnis möglich sein. Der Arzt sollte in der Lage sein,

---

180 Poschenrieder, S. 238.
181 Poschenrieder, S. 239.
182 BVerfG (Kammerentscheidung), NJW 2004, S. 2660 (2661).
183 Sodan/Zimmermann, S. 100.
184 Willi, in: Pharma Recht 2007, S. 412 (413); Sodan/Zimmermann, S. 100.
185 Sodan/Zimmermann, S. 100; vgl. obige Darstellung unter Punkt 4.

den Patienten wenn nötig aus seiner Sachkunde heraus eines Besseren zu belehren.[186]

Aufgrund der nachweisbaren positiven Auswirkungen[187] des Shared-Decision-Makings auf den Behandlungsverlauf des Patienten, ist der mündige, informierte Patient heute das Leitbild nationaler wie internationaler Gesundheitspolitik.[188] Absolute Werbeverbote stellen einen besonders scharfen Eingriff insbesondere in die Meinungsfreiheit und Informationsfreiheit des Patienten dar. Um einen solchen zu rechtfertigen, bedarf es spezifischer Gründe dafür, dass eine weniger belastende Maßnahme nicht ausgereicht hätte. Auch wenn die latente Gefahr einer einseitigen und beschönigenden Berichterstattung seitens des wirtschaftlich orientierten Pharmaunternehmens besteht, kann dieses Problem nicht dazu führen, eine Informationsvermittlung seitens der verantwortlichen Parteien vollständig zu untersagen und damit dem Patienten die Informationsbeschaffung unnötig zu erschweren. Allein um falsche und unsachgemäße Informationen zu verhindern, bedarf es keines pauschalen Werbeverbotes, welches jegliche Information verhindert.[189]

Im Hinblick auf das legitime Interesse der Öffentlichkeit an einer umfassenden Information erscheint eine differenzierte Betrachtungsweise angebracht, die nach dem materiellen Aussagegehalt der jeweiligen Information unterscheidet. Von sachlich richtigen Informationen geht keine Gefahr für die Gesundheit des Patienten aus, sondern der Patient profitiert vielmehr von diesen Informationen, indem er die Verschreibung und Anwendung eines Arzneimittels selbst nachvollziehen, kontrollieren und eine eigene Entscheidung über den weiteren Behandlungsverlauf treffen kann. Daher scheint kein Grund ersichtlich, die Bereitstellung dieser Informationen zu verbieten. Um unsachgemäße Werbung und unsachgemäße Informationen zu verhindern, ist kein generelles Verbot, welches den Informationsfluss vollständig unterbindet, notwendig. Hier würde ein entsprechend enger gefasstes Verbot ausreichen, vor allem, wenn es mit einem präventiven Genehmigungs- und Notifikationsverfahren verbunden würde. In diesem Falle dürften Arzneimittelhersteller nur solche Informationen veröffentlichen, die vorher von der zuständigen Überwachungsbehörde geprüft und freigegeben wurden.[190]

---

186 Poschenrieder, S. 238.

187 Vgl. Darstellung oben unter Punkt 5.

188 Sodan/Zimmermann, S. 102.

189 Lorz, in: GRUR Int. 2005, S. 894 (898).

190 Lorz, in: GRUR Int. 2005, S. 894 (904).

Auch die Annahme des generellen Unvermögens des Patienten, medizinische Informationen verstehen und treffend einordnen zu können, erscheint vor dem veränderten Patientenleitbild als hinfällig.[191] Das individuelle und öffentliche Interesse der Kontrolle des Arztes durch den Patienten bzw. der partnerschaftlichen Entscheidungsfindung zwischen Arzt und Patient gebietet vielmehr die Möglichkeit einer umfassenden Informationsbeschaffung.[192]

Dies zeigt, dass andere, gleich effektive Mittel zur Verfügung stehen, welche die Grundrechte von Unternehmen und Patienten weniger intensiv beeinträchtigen. Ein umfassendes Werbeverbot ist daher nicht erforderlich, sodass eine entsprechende Auslegung gegen das Verhältnismäßigkeitprinzip verstößt und die Grundrechte der Patienten und Werbungstreibenden aus Art. 5 Abs. 1 S. 1 GG, Art. 2 Abs. 1 S. 1 GG bzw. aus Art. 12 Abs. 1 GG verletzt.

7.3 Folgen

Ein umfassendes Werbe- bzw. Informationsverbot für verschreibungspflichtige Arzneimittel ist verfassungswidrig, sodass die aus dem Publikumswerbeverbot resultierenden Eingriffe in die Grundrechte der Patienten und Werbungstreibenden eine Auslegung und „Handhabung“ des § 10 Abs. 1 HWG gebieten, welche diese Grundrechtsimplikationen berücksichtigt und die den insoweit schutzwürdigen Belangen der Grundrechtsträger hinreichend Rechnung trägt. § 10 Abs. 1 HWG ist also so auszulegen, dass die mit ihm verbundenen Grundrechteingriffe nicht in Grundrechtsverletzungen umschlagen, die Auslegung seines Tatbestands folglich im Verhältnis zu diesen Eingriffen angemessen bleibt.[193]

---

191 Rieß, Publikumswerbeverbot, S. 45; Lorz, in: GRUR Int. 2005, S. 894 (905).

192 Lorz, in: GRUR Int. 2005, S. 894 (904).

193 Sodan/Zimmermann, S. 64.

8. Einflüsse des europäischen Rechts

Da sich die Vorschriften des HWG zum Publikumswerbeverbot aufgrund des Anwendungsvorrangs des Gemeinschaftsrechts vor dem nationalen Recht einschließlich des Verfassungsrechts[194] grundsätzlich nach den Vorgaben des EU-Rechts richten und die Gemeinschafts- und nationalen Grundrechte weitgehend deckungsgleich sind, kann eine Auslegung und Anpassung des deutschen HWG nur im europäischen Kontext erfolgen.

8.1 Richtlinie 2001/83/EG

Das europäische Heilmittelwerberecht hat die Richtlinie 92/28 EWG des Rates vom 31.03.1992 über die Werbung für Humanarzneimittel bereits harmonisiert.[195] Diese wurde durch die Richtlinie 2001/83/EG vom 06.11.2001 („Gemeinschaftskodex" (GK) neu kodifiziert, blieb aber inhaltlich unverändert.

Im Einzelnen stellt sich die Gesetzeslage auf europäischer Ebene damit wie folgt dar: Art. 86 Abs. 1 GK definiert den Begriff der Werbung und schließt darin Maßnahmen zu Information und zur Marktuntersuchung ausdrücklich ein. Art. 86 Abs. 2 GK sieht Ausnahmen vom Anwendungsbereich der werberechtlichen Vorschriften vor und benennt in diesem Zusammenhang die Etikettierung und die Packungsbeilage einerseits sowie Informationen über die menschliche Gesundheit und Krankheiten andererseits, sofern darin nicht auf ein Arzneimittel Bezug genommen wird. Werbung für ein Arzneimittel, deren Inverkehrbringen nach Gemeinschaftsrecht nicht zulässig ist, muss nach Art. 87 Abs. 1 GK von den Mitgliedstaaten verboten werden.

Darüber hinaus stellt Art. 87 Abs. 2 und 3 GK generelle Anforderungen an die Arzneimittelwerbung auf und besteht dabei vor allem auf Objektivität unter Vermeidung irreführender Angaben. Bezüglich der Öffentlichkeitswerbung normiert Art. 88 Abs. 1 GK ein grundsätzliches Werbeverbot für alle Arzneimittel, die nur auf ärztliche Verschreibung abgegeben werden dürfen, sowie für Psychopharmaka und Arzneimittel gegen bestimmte, in Abs. 2 einzeln aufgelistete Krankheiten. Eine Untersagung der Öffentlichkeitswerbung kann nach Art. 88 Abs. 3 GK der Richtlinie außerdem für erstattungsfähige Arzneimittel erfolgen und Art. 88 Abs. 4 GK lässt eine Ausnahme vom Werbeverbot für staatlich genehmigte Impfkam-

---

194 Zum Anwendungsvorrang vgl. EuGH, Urteil vom 15.07.1964, Rs. C-6/64, Slg. 1964, 1251 *(Costa ./. ENEL)*; BVerfGE 73, 339, 374 *(Solange II)*.

195 ABl. L 113/13 vom 30.04.1992, umgesetzt durch Gesetz vom 17.08.1994 BGBl. I, S. 3068).

pagnen der Industrie zu. Die Art. 89 ff. Gemeinschaftskodex enthalten schließlich weitere formelle sowie inhaltliche Anforderungen an die Veröffentlichung zulässiger Werbung, lassen Gratismuster nur in begrenztem Maße zu (Art. 96 GK) und verpflichten die Mitgliedstaaten dazu, geeignete und wirksame Maßnahmen zur Überwachung der Arzneimittelwerbung zu ergreifen (Art. 97, 99 GK).[196]

8.1.1 Der Begriff der Werbung

Anders als das deutsche HWG enthält der Gemeinschaftskodex in Art. 86 Abs. 1 eine – wenn auch wenig aussagekräftige – Begriffsbestimmung des Tatbestandsmerkmals der Werbung[197]. Diese zweigliedrige Definition setzt in objektiver Hinsicht voraus, dass eine Maßnahme zur Information vorliegt und verlangt als subjektives Merkmal das Ziel, die Abgabe, den Verkauf oder den Verbrauch von Arzneimitteln zu fördern. Ausdrücklich erfasst wird die Öffentlichkeitswerbung, sodass das Publikumswerbeverbot auch auf Veröffentlichungen im Internet anwendbar ist.[198]

Nach der Definition des Art. 86 Abs. 1 Gemeinschaftskodex steht es der Annahme von Werbung nicht entgegen, dass die in Rede stehenden Veröffentlichungen allein aus sachlicher Information bestehen. Werbung im Sinne des Gemeinschaftskodex setzt also keine reißerische Form, Übertreibung oder gar „Marktschreierei" voraus, wie sie als charakteristisch für „Reklame" angesehen wird.[199]

Der weite Werbebegriff des Gemeinschaftskodex ist nach allgemeiner Auffassung auch den Tatbeständen des HWG zugrunde zu legen.[200] Da sich die Regelungen des Gemeinschaftsrechts mit denen des deutschen Rechts weitgehend decken, kann in diesem Punkt somit zur Erläuterung auf die oben diesbezüglich gemachten Erläuterungen verwiesen werden.

---

196 Vgl. Lorz, in: GRUR Int. 2005, S. 894 (894 f.).

197 Art. 86 Abs. 1 lautet: „Im Sinne dieses Titels gelten als 'Werbung für Arzneimittel' alle Maßnahmen zur Information, zur Marktuntersuchung und zur Schaffung von Anreizen mit dem Ziel, die Verschreibung, die Abgabe, den Verkauf, oder den Verbrauch von Arzneimitteln zu fördern; sie umfasst insbesondere: die Öffentlichkeitswerbung für Arzneimittel [...]".

198 Lorz, in: GRUR Int. 2005, S. 894 (894 f.).

199 Doepner, HWG, § 1, Rn. 9 m.w.N.; Lorz, in: GRUR Int. 2005, S. 894 (895).

200 Bülow/Ring, HWG, § 1, Rn. 2; Doepner, HWG, § 1, Rn. 11; Lorz, in: GRUR Int. 2005, S. 894 (894 f.).

8.1.2 Begründung des EU-Werbeverbotes

Das Publikumswerbeverbot für verschreibungspflichtige Arzneimittel wurde erstmals in der Richtlinie 89/552/EWG von 1989 für Fernsehwerbung eingeführt. Die Begründung des ersten Verbotes in dieser Richtlinie fällt jedoch außerordentlich kurz aus. So heißt es lediglich:

> *„Ferner ist es erforderlich, Fernsehwerbung für Arzneimittel und ärztliche Behandlungen zu untersagen, die in dem Mitgliedstaat, dessen Rechtshoheit der* Fernsehveranstalter *unterworfen ist, nur auf ärztliche Verordnung erhältlich sind."*:[201]

Insbesondere zum „Schutz der Volksgesundheit" finden sich im Hinblick auf verschreibungspflichtige Arzneimittel damit keinerlei Ausführungen. Einerseits betont die Richtlinie, dass die Verschreiber und Abgeber von Arzneimitteln eine neutrale und objektive Informationsquelle über die auf dem Markt verfügbaren Arzneimittel haben sollen, andererseits nennt sie aber keinen einzigen Grund, warum Patienten der Zugang zu diesen Quellen verwehrt werden soll.[202]

Auch die Dokumente der Europäischen Kommission, auf deren Vorschlag diese Richtlinie beruht, liefern keine ausführliche Begründung.[203] Vermutlich wurde das das Verbot in die Richtlinie aufgenommen, weil es in den einzelnen Mitgliedstaaten bereits in unterschiedlichen Formen existierte und so harmonisiert werden sollte.[204]

Mit dem zweiten Verbot der Richtlinie 92/28/EG wollte die europäische Kommission den in der Richtlinie 89/552/EG niedergelegten Grundsatz des Verbotes der Fernsehwerbung für verschreibungspflichtige auf die übrigen Medien ausdehnen. Zwar hatten alle Mitgliedstaaten für sich spezifische Regelungen auf dem Gebiet der Arzneimittelwerbung erlassen, doch wichen die einzelnen Werbeverbote und nationalen Kontrollmechanismen voneinander ab. Da sich aber nach Ansicht der Kommission eine in einem Mitgliedstaat verbreitete Werbung auch auf die übrigen Mitgliedstaaten auswirken könne, hielt sie zur Gewährung eines barrierefreien Binnenhandels einheitliche Vorschriften für notwendig.[205] Ziel des Werbeverbotes war somit wieder die Rechtsvereinheitlichung der europaweit bestehenden Publikumswerbeverbote für verschreibungspflichtige Arzneimittel in den einzelnen Mitgliedstaaten.

---

201 Vgl. Begründung der RL 89/552/EG.

202 Barth, in: pharmind. 2003, S. 653 (654).

203 Vgl. KOM/1986/146 endg.; KOM/1988/154 eng.; KOM/1989/247 endg.

204 Rieß, Publikumswerbeverbot, S. 48.

205 KOM (90) 212 endg. vom 6. Juni 1990, Vorschlag für eine RL des Rates über die Werbung für Humanarzneimittel, S. 5 ff.

9. Verfassungsmäßigkeit des EU-Werbeverbotes

Nachfolgend soll die Verfassungsmäßigkeit des EU-Werbeverbotes untersucht werden, da gegen das Werbeverbot in der Vergangenheit von verschiedenen Stellen Bedenken geäußert wurden.[206] Da eine vertiefte und umfängliche Prüfung Rahmen dieser Untersuchung nicht geleistet werden kann, soll in gebotener Kürze eine grobe Untersuchung der EU-Verfassungsmäßigkeit erfolgen.

Zwar stellt die europäische Union keinen Staat im eigentlichen Sinne dar, in dem eine Verfassung den einzelnen Bürger vor staatlichen Eingriffen schützt. Gleichsam übt auch die Union Hoheitsgewalt aus, die gegenüber dem Einzelnen einer rechtlichen Eingrenzung bedarf.[207]

9.1 Verstoß gegen das Prinzip der begrenzten Einzelermächtigung

Nach dem Prinzip der begrenzten Einzelermächtigung verlangt Art. 5 Abs. 1 EG für ein Tätigwerden der EG eine ausdrückliche Kompetenzzuweisung. Rechtsakte, die ohne eine entsprechende Rechtsgrundlage im Primärrecht erlassen werden, sind nichtig.

9.1.1 Art. 152 EG

Es könnte sich um eine gesundheitspolitische Maßnahme i.S.d. Art. 152 EG handeln. Dafür spricht insbesondere Art. 88 Abs. 3 der Richtlinie 2001/83/EG, der den Mitgliedstaaten ein Verbot der Publikumswerbung für erstattungsfähige Arzneimittel ermöglicht.
Allerdings hat die EU nach Art. 152 EG für das Gesundheitswesen nur eine unterstützende Funktion für die vorrangig zuständigen Mitgliedstaaten. Soweit es um den Erhalt der nationalen Gesundheitssysteme geht, die bei einer verstärkten Information mit höheren Arzneimittelkosten belastet werden sollen, besteht also keine EU-Regelungskompetenz. Eine Harmonisierung der einzelnen nationalen Gesundheitssysteme fällt nicht in den gemeinschaftsrechtlichen Kompetenzbereich. Der Erhalt der finanziellen Grundlagen ist ebenfalls kein schützenswertes Gemeinschaftsinteresse im Sinne der Europäischen Menschenrechtskommission (EMRK), das die Einschränkung der kommerziellen Kommunikationsfreiheit rechtfertigt.[208]

---

206 Barth, in: pharmind. S. 653 ff.

207 Rieß, Publikumswerbeverbot, S. 49.

208 Barth, in: pharmind. 2003 S. 653 (654).

9.1.2 Art. 95 Abs. 1 EG

Art. 95 Abs. 1 EG wird oftmals als allgemeine Binnenmarktkompetenz der EG bezeichnet.[209]

Da die Kompetenzzuweisung funktional im Hinblick auf die Verwirklichung des Binnenmarktes ausgestaltet ist, können auch Maßnahmen in flankierenden Bereichen wie insbesondere dem Gesundheitsschutz erfasst werden. Die vom Gemeinschaftsgesetzgeber erlassenen Maßnahmen müssen jedoch in jedem Fall „die Errichtung und das Funktionieren des Binnenmarktes zum Gegenstand haben".[210] Der erlassene Rechtsakt muss tatsächlich den Zweck haben, die Voraussetzung für die Errichtung und das Funktionieren des gemeinsamen Binnenmarktes zu verbessern; die bloße Feststellung von Unterschieden zwischen den nationalen Vorschriften und die abstrakte Gefahr von Beeinträchtigungen der Grundfreiheiten oder des Wettbewerbs reichen nicht aus.[211]

Bedenken bestehen in der Hinsicht, als dass Artikel 95 EG keine geeignete Rechtsgrundlage für die in der Richtlinie aufgestellten Verbote der Werbung für Arzneimittel wäre, wenn der eigentliche Zweck dieser Verbote nicht darin bestünde, die Errichtung und das Funktionieren des Binnenmarktes zu verbessern, sondern ausschließlich im Gesundheitsschutz.[212]

Laut der Begründungserwägung der Richtlinie 92/28/EWG[213] über die Arzneimittelwerbung hatten vor Erlass der Richtlinie alle Mitgliedstaaten unterschiedliche Maßnahmen auf dem Gebiet der Arzneimittelwerbung ergriffen. Diese Unterschiede wirkten sich auf die Errichtung und das Funktionieren des Binnenmarktes aus, da sich eine in einem Mitgliedstaat verbreitete Werbung auch auf die übrigen Mitgliedstaaten auswirken könne. Der Gemeinschaftsgesetzgeber führte an, dass sich eine in einem Mitgliedstaat verbreitete Werbung in einem anderen Mitgliedstaat auswirken könne und somit eine binnenmarktrelevante Maßnahme vorliege.[214]

---

209 Schweitzer/Schröder/Bock, EG-Binnenmarkt und Gesundheitsschutz, S. 21.

210 Leible, in : Streinz, Art. 95 EGV, Rn. 4; Tietje, in: Grabitz/Hilf, Art. 95 EGV, Rn. 9.

211 Ebenda, Rn. 84.

212 So: Lorz, in: GRUR Int. 2005, S. 894 (900).

213 des Rates vom 31. März 1992 über die Werbung für Humanarzneimittel, ABl. EG Nr. L 113 vom 30.04.1992 S. 0013 – 0018.

214 RL 2001/83/EG des europäischen Parlaments und des Rates vom 06.11.2001 über die Schaffung eines Gemeinschaftskodexes für Humanarzneimittel (ABl. EG Nr. L 311 vom 28.11.2001, S. 67), Rn. 44 ff.

Allerdings reicht nach der Rechtsprechung des EuGH[215] eine pauschale Behauptung einer abstrakten Beeinträchtigungsmöglichkeit nicht aus, um für einen Rechtsakt Art. 95 Abs. 1 EG als Ermächtigungsgrundlage heranziehen zu können. Jedoch hat der EuGH im Tabakwerbeurteil II ausdrücklich festgestellt, dass auf dem Markt für Presserzeugnisse sowie dem Rundfunkmarkt der Handel zwischen den Mitgliedstaaten relativ bedeutend sei und einen starken grenzüberschreitenden Bezug aufweise.[216] Zudem betonte der EuGH, dass Unterschiede zwischen den nationalen Werbevorschriften der Mitgliedstaaten geeignet seien, den freien Warenverkehr und den freien Dienstleistungsverkehr zu behindern.[217]
Nach diesen Grundsätzen ist wohl auch den unterschiedlichen mitgliedstaatlichen Regelungen zur Arzneimittelwerbung eine Eignung zur Behinderung des freien Warenverkehrs und der Dienstleistungsfreiheit zuzusprechen.

Fraglich bleibt aber, ob das Publikumswerbeverbot der Richtlinie in den von ihnen erfassten Bereichen tatsächlich bezweckt, die Hemmnisse für den freien Waren- oder Dienstleistungsverkehr auszuräumen oder ihnen vorzubeugen oder aber Wettbewerbsverzerrungen zu beseitigen. In Bezug auf das Verbot zur Tabakwerbung I hat der Gerichtshof bereits entschieden, dass das Tabakwerbeverbot der Richtlinie 89/552, welches den freien Verkehr dieser Werbemedien gewährleisten soll, auf der Grundlage des Artikels 95 EG erlassen werden konnte.[218] Eine einheitlich in der gesamten Gemeinschaft geltende Verbotsmaßnahme sollte verhindern, dass nationale Regelungen den innergemeinschaftlichen Verkehr von Presseerzeugnissen behindern.[219] Vor dem Hintergrund dieses neuen EuGH-Urteils muss man wohl auch das Publikumswerbeverbot für Arzneimittel als dazu dienlich einzustufen, die Störung des innergemeinschaftlichen Verkehrs zu beseitigen und die Bedingungen für das Funktionieren des Binnenmarktes zu verbessern.[220]

Auch ein Verstoß gegen das Harmonisierungsverbot des Art. 152 Abs. 4 lit. c EG ist hier nicht anzunehmen. Zwar schließt diese Vorschrift jede Harmonisierung der

---

215 Vgl. EuGH, Urteil vom 05.10.2000, Rs. C-376/98, Slg. 2000, I-8419 (*Deutschland./.Parlament u. Rat)*, Rn. 84.

216 EuGH, Urteil vom 12.12.2006, Rs. C-380/03, Slg. 2006, I-11573 (*Deutschland./.Parlament u. Rat)*, Rn. 53.

217 Ebenda, Rn. 56 f.

218 Vgl. EuGH, Urteil vom 05.10.2000, Rs. C-376/98, Slg. 2000, I-8419 (*Deutschland./.Parlament u. Rat)*, Rn. 98.

219 EuGH, Urteil vom 12.12.2006, Rs. C-380/03, Slg. 2006, I-11573 (*Deutschland./.Parlament u. Rat)*, Rn. 71

220 Vgl. hierzu zur Tabakwerbung: EuGH, Urteil vom 12.12.2006, Rs. C-380/03, Slg. 2006, I-11573 (*Deutschland./.Parlament u. Rat)*, Rn. 72-74.

Rechts- und Verwaltungsvorschriften der Mitgliedstaaten zum Schutz und zur Förderung der menschlichen Gesundheit aus, doch folgt – nach Maßgabe des EuGH Tabakwerbeurteil II – aus dieser Bestimmung nicht, dass auf der Grundlage anderer Vertragsbestimmungen erlassene Harmonisierungsmaßnahmen nicht Auswirkungen auf den Schutz der menschlichen Gesundheit haben dürften.[221]

Art. 95 Abs. 1 EG stellt demnach eine taugliche Ermächtigungsgrundlage für ein Arzneimittelwerbeverbot dar.

9.1.3 Ergebnis

Daher scheint – nach den Grundsätzen des Tabakwerbeurteil II – eine wirksame Ermächtigung für ein Tätigwerden der EU auf diesem Gebiet gegeben.

9.2 Verletzung von Gemeinschaftsgrundrechten

Jedoch könnten durch das pauschale Verbot verschiedene Gemeinschaftsgrundrechte beeinträchtigt werden.

9.2.1 Dogmatische Herleitung der Gemeinschaftsgrundrechte

Das europäische Gemeinschaftsrecht enthält zwar keinen geschriebenen Katalog verbindlicher Grundrechte, doch verpflichtet Art. 6 Abs. 2 EU die Europäische Union – und damit nach herrschender Auffassung auch die Europäische Gemeinschaft – auf die Achtung der nach der Europäischen Menschenrechtskonvention (EMRK) gewährten Grundrechte. Zudem garantieren einzelne Bestimmungen verschiedene Aspekte der Grundrechte, wie z.B. die Grundfreiheiten und das allgemeine Diskriminierungsverbot nach Art. 12 EG.[222]
Herausragende Bedeutung für den EG-Grundrechtsschutz kommt zudem dem Europäischen Gerichtshof zu. Zur Herleitung der Gemeinschaftsgrundrechte greift der EuGH u.a. auf die EMRK[223] sowie die Rechtsprechung des Europäischen Gerichtshofes für Menschenrechte (EGMR)[224] zurück und in Form der „Charta der Grundrechte der Union" haben die Grundrechte mit Inkrafttreten des *Vertrags von Lissabon* am 01.12.2009 zusätzliche Wirksamkeit erlangt.[225]

---

221 Vgl. EuGH, Urteil vom 05.10.2000, Rs. C-376/98, Slg. 2000, I-8419 (*Deutschland./.Parlament u. Rat)*, Rn. 77, 78.

222 Koenig/Haratsch, Europarecht, Rn. 85.

223 EuGH-Urteil vom 28.10.1975, Rs. 36/75, Slg. 1975, 1219 (*Rutili ./. Minister des Inneren).*

224 EuGH-Urteil vom 22.10.2000, Rs. C-94/00, Slg. 2002, I-9011, Rn. 29 *(Roquette Freres ./. Directeur général).*

225 Vgl. Lorz, in: GRUR Int. 2005, S. 894 (902).

9.2.2 Betroffene Grundrechte

Primär betroffen ist das Grundrecht der Meinungsfreiheit, das in Art. 11 Abs. 1 der Grundrechte-Charta normiert und vom EuGH in ständiger Rechtsprechung anerkannt ist. Danach ist eine Meinung jede Ansicht, Überzeugung, Einschätzung und Stellungnahme sowie jedes Werturteil ohne Rücksicht auf Qualität und Thematik.[226] Auch die Werbung aus rein wirtschaftlichem Interesse wird vom Schutzbereich der Meinungsfreiheit umfasst.[227]

Außerdem wird die Freiheit der unternehmerischen Betätigung (Art. 16 Grundrechte-Charta)[228] eingeschränkt, da Werbung und Information eine typische Ausübungsform des unternehmerischen Grundrechts darstellen.[229]

Auch die (passive) Informationsfreiheit (Art. 11 Abs. 1 Grundrechte-Charta) des Patienten wird beschränkt, da dieses Grundrecht den gesamten Prozess von der schlichten Entgegennahme einer Information bis zu ihrer Aufbereitung und Speicherung umfasst[230] und dem „informierten Patienten" im Bereich der Arzneimittel eine möglichst große Entscheidungsfreiheit auf Grundlage sachlicher, vollständiger Aufklärung ermöglicht werden soll.[231]

9.2.3 Rechtfertigung

Als klassischer Grundrechtseingriff bedarf das Publikumswerbeverbot einer Rechtfertigung. Nach der Rechtsprechung des EuGH erfordert dies, dass die Beschränkung dem Gemeinwohl dienenden Zwecken der Gemeinschaft entspricht, den Grundsatz der Verhältnismäßigkeit wahrt und das Grundrecht nicht in seinem Wesensgehalt antastet.[232]

a) legitimer Zweck

Was die tragenden Gründe für ein solches Publikumswerbeverbot sein sollen, dazu schweigt sich der Gemeinschaftskodex in auffälliger Weise aus. Insbesondere zum

---

226 Streinz, in: Streinz, Art. 11 GR-Charta, Rn. 11.

227 Streinz, in: Streinz, Art. 11 GR-Charta, Rn. 11.

228 Als besondere Ausprägung der Berufsfreiheit vom EuGH in ständiger Rspr. anerkannt, vgl. EuGH, Urteil vom 14.05.1974, Rs. 4/73, Slg. 1974, 491, Rn. 14 *(Nold ./. Kommission;* EuGH, Urteil vom 15.07.2004, Rs. C-37/02, Rn. 82 *(Di Lenardo Adriana Srl u.a. ./. Ministero del Commercio).*

229 Vgl. BVerfG, NJW 2001, 3324 für das deutsche Recht.

230 Streinz, in: Streinz, Art. 11 GR-Charta, Rn. 11.

231 Lorz, in: GRUR Int. 2005, S. 894 (902 f.).

Schutz der Volksgesundheit finden sich im Hinblick auf verschreibungspflichtige Arzneimittel keinerlei Ausführungen.
So nennt die Richtlinie keinen einzigen Grund, warum Patienten der Zugang zu Informationsquellen über die auf dem Markt verfügbaren Arzneimittel verwehrt werden soll. Hinsichtlich der Zielsetzung des Gemeinschaftskodex kommt allein der Gesundheitsschutz als rechtfertigender Gesichtspunkt in Betracht. Dieser stellt einen legitimen Zweck dar, der grundsätzlich zur Grundrechtsbeschränkung herangezogen werden kann.[233]
Die Gemeinschaft kann sich jedoch zur Legitimation eines Grundrechtseingriffes nur auf diejenigen Güter beziehen, deren Schutz ihr nach der Kompetenzverteilung des Gemeinschaftsrechts obliegt. Trotz des Harmonisierungsverbotes auf dem Gebiet der Gesundheitspolitik nach Art. 152 Abs. 4 lit. c EGV ist der Schutz der Gesundheit freilich in diesem Sinne als gemeinschaftslegitimer Zweck anerkannt.[234] Auch die Meinungsfreiheit kann gem. Art. 10 Abs. 2 EMRK aus diesem Grund beschränkt werden.[235]

b) Geeignetheit, Erforderlichkeit und Angemessenheit
Das Publikumswerbeverbot müsste den Verhältnismäßigkeitsgrundsatz wahren, d.h. es müsste zur Erreichung des verfolgten Ziels geeignet und erforderlich sein, sowie zu diesem in einem angemessenen Verhältnis stehen.[236]
Das europäische Sekundärrecht resp. die Richtlinie 2001/83/EG ist also im Lichte der europäischen Grundrechte auszulegen. Da der Grundrechtsschutz auf europäischer Ebene mittlerweile dem Grundrechtsstandard des deutschen Grundgesetzes nach Konzeption, Inhalt und Wirkungsweise vergleichbar ist – wie das Bundesverfassungsgericht in seiner Solange-II-Entscheidung[237] festgestellt hat –, sind die Maßstäbe für eine gemeinschaftsgrundrechtskonforme Auslegung des Art. 88 Abs. 1 lit. a) RL 2001/83/EG die gleichen, wie für die grundrechtskonforme Auslegung des § 10 Abs. 1 HWG.[238]

---

232 EuGH, Urteil vom 13.07.1989, Rs. 5/88, Slg. 1989, 2609, Rn. 18 *(Wachauf ./. Bundesanstalt für Ernährung und Forstwirtschaft;* EuGH, Urteil vom 05.10.1994, Rs. C-280/93, Slg. 1994, I-4973, Rn. 78 *(Deutschland ./. Rat)*.

233 Vgl. z.B. EuGH, Urteil vom 10.12.2002, Rs. C-491/01, Slg. 2002, I-11453, Rn. 150 *(The Queen ./. Secretary of State of Health)*.

234 Vgl. nur Art. 95 Abs. 3 sowie Art. 152 Abs. 1 EGV.

235 Lorz, in GRUR Int. 2005, S. 894 (903).

236 EuGH, Urteil vom 11.07.1989, Rs. 265/87, Slg. 1989, 2237, Rn. 21 *(Schräder ./. Hauptzollamt Gronau)*.

237 BVerfGE 73, S. 339 (378 ff.).

238 Sodan/Zimmermann, S. 125.

Damit kann also auf die obige Darstellung[239] zur Verhältnismäßigkeit des § 10 Abs. 1 HWG verwiesen werden.
Daraus folgt, dass ein umfassendes Publikumswerbeverbot für verschreibungspflichtige Humanarzneimittel nicht zu rechtfertigen ist, sodass sich auch ein Verstoß der entsprechenden Auslegung von Art. 88 Abs. 1 Gemeinschaftskodex gegen die Gemeinschaftsgrundrechte ergibt.

9.2.4 Verstoß gegen die Warenverkehrsfreiheit des Art. 28 EGV

Zudem kommt eine Überprüfung an den Maßstäben der Warenverkehrsfreiheit des Art. 28 EGV in Betracht. Die Rechtsprechung des EuGH nach der sog. Keck-Formel schließt eine Verletzung der Warenverkehrsfreiheit gem. Art. 28 EGV in den Fällen aus, in denen nationale Regelungen, die bestimmte Verkaufsmodalitäten beschränken oder verbieten, sich gleichermaßen auf inländische wie ausländische Wirtschaftsteilnehmer auswirken sowie den Absatz inländischer Erzeugnisse wie solcher aus ausländischen Mitgliedstaaten rechtlich wie tatsächlich in der gleichen Weise berühren.[240] Sollte sich jedoch vor diesem Hintergrund künftig eine faktische Diskriminierung ausländischer Unternehmen oder Produkte im Rahmen der EU begründen lassen, wird man zugleich von einer Verletzung der Warenverkehrsfreiheit auszugehen haben. Denn die Rechtfertigung dieser Ungleichbehandlung nach Art. 30 EGV erscheint, betrachtet man die bereits oben herangezogenen Argumente, kaum möglich.[241]

9.3 Ergebnis

Werden die einschlägigen Regelungen des Gemeinschaftskodex und des ihm entsprechenden nationalen Rechts dergestalt ausgelegt, dass sie die Veröffentlichung rein sachlicher Informationen über Arzneimittel und deren Gebrauch untersagen, stehen sie nicht im Einklang mit dem primären Gemeinschaftsrecht. Damit ist zumindest eine gemeinschaftskonforme restriktive Auslegung vorzunehmen, nach welcher derartige Informationen nicht dem Werbeverbot unterfallen.

---

239 Siehe oben unter Punkt 7.2.

240 EuGH, Urteil vom 24.11.1993, Rs. C-267/91 und C-268/91, Slg. 1993, I-6097, Rn. 16 *(Keck und Mithouard)*.

241 Vgl. Wiemers, in: WRP 2007, S. 145 (151); Lorz, in: GRUR Int. 2005, S. 894 (906).

10. Aktuelle Entwicklungen zur Patienteninformation in Deutschland – Zukunft der freiwilligen Selbstkontrolle

Im Folgenden soll ein Überblick über die aktuellen Entwicklungen hinsichtlich der Patienteninformation innerhalb Deutschlands gegeben werden, mit denen versucht wird, Lösungsansätze für die beschriebene Problemsituation vorzuschlagen. Diese Bemühungen zeigen sich hauptsächlich in den verschiedenen Vereinen zur freiwilligen Selbstkontrolle durch die Pharmaindustrie.

10.1 Integritas: Verein für lautere Werbung

Als erstes Selbstkontrollorgan der pharmazeutischen Industrie wurde 1962 INTEGRITAS – Verein für lautere Heilmittelwerbung e.V. – auf Initiative des Bundesverbandes der Arzneimittel-Hersteller e.V. (BAH) unter dem Namen „Verein zur Wahrung einer lauteren Werbung auf dem Gebiet des Gesundheitswesens" gegründet. 1967 traten der Bundesverband der Pharmazeutischen Industrie e.V. (BPI), 1974 der Verband der Reformwarenhersteller e.V. (VRH) sowie 2003 der Bundesverband der Hersteller von Lebensmitteln für besondere Zwecke e.V. (Diätverband) bei. Neben den vier Verbänden sind eine Reihe Einzelfirmen, Werbeagenturen, Verlage und Rechtsanwaltskanzleien Mitglieder des Vereins. In der Satzung des Vereins heißt es:

„Der Verein hat die Aufgabe, den Wettbewerb für Heilmittel und verwandte Produkte zu schützen und zu stärken. Der Verein wird dazu beitragen, den lauteren Wettbewerb zu erhalten und unlauteren Wettbewerb zum Nachteil der Verbraucher, Mitbewerber und im Allgemeininteresse gegebenenfalls im Zusammenwirken mit Behörden und Gerichten zu bekämpfen. Der Verein wird insbesondere die Werbung für Heilmittel und verwandte Gebiete auf ihre Lauterkeit und Vereinbarkeit mit den bestehenden gesetzlichen Bestimmungen sowie mit den für sie ergangenen Wettbewerbsregeln überprüfen und gegen Verstöße vorgehen."[242]

Ziel des Vereins ist der Erhalt der Werbung für Arzneimittel und verwandte Produkte als wesentliches Instrument eines fairen Wettbewerbs in der sozialen Marktwirtschaft, auch zum Schutz der Verbraucher. Eine wesentliche Aufgabe des Vereins ist, zur Klärung grundsätzlicher Fragen der Interpretation des Heilmittelwerbegesetzes, z.B. durch entsprechende Veröffentlichungen, beizutragen. So konnten auf Initiative des Vereins, insbesondere durch Gerichtsverfahren, eine

[242] Satzung abrufbar unter: http://www.integritas-hwg.de/pdf/integritas-satzung.pdf

Reihe von grundsätzlichen Fragen des Heilmittelwerberechts geklärt werden. Zum Kernbereich der Tätigkeit von INTEGRITAS gehört auch die Werbenachkontrolle – sie ist sozusagen das „Alltagsgeschäft". Dabei werden im Nachhinein alle verfügbaren geschalteten Werbemaßnahmen in den Medien auf ihre Rechtmäßigkeit überprüft. Außerdem werden solche Werbemaßnahmen geprüft, auf die der Verein von außen aufmerksam gemacht wird, sei es von Mitbewerbern oder von interessierten Dritten. Liegen Verstöße gegen gesetzliche Bestimmungen vor, werden die verantwortlichen Unternehmen gerügt. Können die Streitfälle nicht gütlich beigelegt werden, folgen rechtliche Schritte wie Abmahnungen, einstweilige Verfügungen oder Klagen. Dabei macht der Verein in seiner Tätigkeit keinen Unterschied zwischen Vereins- und Nichtvereinsmitgliedern. Die Publikumswerbung für Arzneimittel steht im Mittelpunkt der Überprüfung. Im politischen Raum ist der Verein anerkannter Gesprächspartner. Im Zuge gesetzgeberischer Maßnahmen hat er sich erfolgreich für verbraucherfreundliche Regelungen der Werbung für Arzneimittel eingesetzt. Insbesondere wird die Liberalisierung des Heilmittelwerbegesetzes weiterhin ein Hauptziel des Vereins sein. INTEGRITAS erfüllt auch die Voraussetzungen des Gesetzes gegen den unlauteren Wettbewerb. In mehreren wegweisenden Gerichtsverfahren auch vor dem BGH wurde die Legitimation von INTEGRITAS, aktiv gegen Wettbewerbsverstöße zu klagen, bestätigt.[243]

10.2 Nationale Industriekodizes: Unabhängigkeit der Informationen

10.2.1 FSA-Kodex

Seit Oktober 2008 regelt der „Kodex Patientenorganisationen" des Vereins „Freiwillige Selbstkontrolle für die Arzneimittelindustrie e.V." (FSA) die Zusammenarbeit der Pharmabranche mit Organisationen der Patientenselbsthilfe. Zentrales Anliegen ist es, die Neutralität und Unabhängigkeit der Patientenorganisationen zu wahren und eine lautere und ethische Zusammenarbeit im Interesse der Patienten zu gewährleisten.

Die Mitgliedsunternehmen des FSA verpflichten sich mit dem Kodex freiwillig zur Transparenz in der Zusammenarbeit mit Patientenorganisationen. Dazu müssen sie künftig offenlegen, welche Organisation sie unterstützen und in welcher Weise. Dies umfasst sowohl finanzielle Leistungen als auch die indirekte Förderung, beispielsweise durch zur Verfügung gestellte Serviceleistungen oder Schulungen. Die

[243] Siehe: http://www.integritas-hwg.de/

Einhaltung des Kodex wird von der Schiedsstelle des FSA kontrolliert. In seiner Funktion als Abmahnverein überwacht der FSA darüber hinaus das Verhalten von Nichtmitgliedern und deckt somit die gesamte Branche ab. Der „FSA-Kodex Patientenorganisationen" definiert, dass eine Zusammenarbeit immer schriftlich fixiert werden muss. Unterstützt ein Unternehmen eine Patientenorganisation finanziell, müssen die Eckpunkte der Zusammenarbeit, vor allem die Art und der Umfang der finanziellen Leistungen und die gemeinsamen Aktivitäten, genau festgehalten werden.[244]

10.2.2 AKG-Kodex

Zum 1. Januar 2008 hat der neu gegründete Verein "Arzneimittel und Kooperation im Gesundheitswesen" (AKG e. V.) seine Arbeit aufgenommen. In dieser Einrichtung der freiwilligen Selbstkontrolle haben sich pharmazeutische Unternehmen mit Sitz in Deutschland zusammengeschlossen, um Wettbewerbsverstößen vorzubeugen und diese gegebenenfalls zu ahnden. Die Mitglieder verpflichten sich, einem Verhaltenskodex zu folgen. Der AKG e. V. setzt sich für den lauteren Wettbewerb unter den Pharmaunternehmen ein. Durch den AKG-Verhaltenskodex soll sichergestellt werden, dass die Pharmaunternehmen wissenschaftliche Informationen über Arzneimittel wahrheitsgetreu vermitteln, täuschende Praktiken unterlassen, Interessenkonflikte mit Angehörigen der Fachkreise vermeiden sowie entsprechend den einschlägigen Gesetzen und Verordnungen handeln. Zielrichtung ist dabei die Verhinderung von irreführenden Informationen und Korruptionstatbeständen im Umgang mit den medizinischen Fachkreisen. Der AKG-Verhaltenskodex fügt sich in die allgemeine Rahmenordnung ein, die die freiwillige Kontrolle der pharmazeutischen Industrie mit dem Ziel der Förderung der Zusammenarbeit der pharmazeutischen Industrie mit den Fachkreisen umsetzen will. Die Mitgliedsunternehmen können sich für eine dem lauteren Wettbewerb entsprechende Zusammenarbeit mit Einrichtungen des Gesundheitswesens und deren Mitarbeitern sowie mit niedergelassenen Ärzten darüber hinaus zusätzliche eigene Regeln und Richtlinien geben. Der AKG-Verhaltenskodex bleibt davon als verbindliche Bestimmung der Mindesterfordernisse unberührt.[245]

---

[244] Siehe: http://www.fs-arzneimittelindustrie.de/

[245] Siehe: http://www.ak-gesundheitswesen.de/verhaltenskodex/

10.2.3 Unterschiede zwischen FSA- und AKG-Kodex

Der Bundesverband der Pharmazeutischen Industrie (BPI) trat dem FSA 2006 bei, doch gelang es nicht, die Mitglieder geschlossen zum Beitritt zu bewegen. Von den über 260 BPI-Mitgliedern sind 80 Hersteller rezeptpflichtiger Arzneimittel. Von diesen gingen 68 in den FSA. Grund für diese nur unvollständige Akzeptanz des FSA könnte die Angst mittelständischer Firmen vor den „Großen der Branche" gewesen sein. Im BPI sind viele mittelständische Firmen organisiert, während der VFA weltweit agierende Pharmariesen wie Pfizer, GlaxoSmithKline, Sanofi-Aventis, Novartis und Roche zu seinen Mitgliedern zählt. Diese Unternehmen sind häufig von ihren ausländischen Mutterkonzernen geprägt und richten ihr Wettbewerbsverhalten nach internationalem Regelwerk, das für mittelständische Firmen, die im deutschen Markt agieren, nicht relevant ist.[246]

Im November 2007 gründete der BPI schließlich aus eigener Initiative den Verein „Arzneimittel und Kooperation im Gesundheitswesen" (AKG e. V.) und vermehrt werden Stimmen laut, die FSA habe aus Sicht der Mitglieder des BPI Fehlverhalten zu hart sanktioniert und so wollte sich der BPI mit dem neu gegründeten Verein eine freiwillige Selbstkontrolle »light« schaffen. Diese Vermutung weist der AKG allerdings entschieden zurück: Die Satzungen von FSA und AKG seien sehr ähnlich und es werde im Rahmen des AKG genauso hart sanktioniert wie im FSA.[247]

Unterschiede zwischen den beiden Industriekodizes bestehen aber dennoch: Während der FSA-Geschäftsführer in seiner Funktion als »Spruchkörper erster Instanz« Sanktionen verhängen kann, ist diese Aufgabe beim AKG von der Geschäftsführung getrennt. Auch geht der FSA über das Heilmittelwerbegesetz hinaus und sanktioniert Imagewerbung, während sich der AKG auf die im Gesetz verbotene Werbung für Produkte beschränkt.[248]

Der AKG will nach eigener Aussage „die bessere Alternative zur FSA-Mitgliedschaft eröffnen". Gegenüber dem FSA will sich der BPI-Verein vor allem durch den Grundsatz „Prävention vor Sanktion" unterscheiden und sich auf eine frühzeitige Beratung der pharmazeutischen Unternehmen konzentrieren. „Gerade kleinere Firmen, die keine eigene Rechtsabteilung haben, sind auf Information und Hilfe angewiesen", so Geschäftsführer Kai-Christian Bleicken. Er bietet seine

---

246 Uta Grossmann, in: Pharmazeutische Zeitung online, abrufbar unter: http://mobil.pz-o.de/index.php?id=4483&type=0

247 Ebenda.

248 Ebenda.

Dienste als Wirtschaftsmediator an, um Konflikte zwischen Unternehmen zu schlichten. Die Freiwillige Selbstkontrolle des VFA wurde von der Gründung des BPI-Konkurrenzvereins nach eigenen Angaben völlig überrascht. Der FSA-Geschäftsführer Michael Grusa ist der Ansicht, die Pharmaindustrie habe sich mit der Etablierung eines weiteren Vereins zur Selbstkontrolle keinen Gefallen getan. »Es wäre besser, in Fragen des ethischen Pharmamarketings mit einer Zunge zu sprechen«, betont er.[249]

In der Tat scheint fraglich, ob eine solche „Zersplitterung" der Selbstkontrolle in der Praxis sinnvoll ist. Allerdings könnte diese Aufteilung auch eine auf die unterschiedlichen Belange von großen und kleineren Unternehmen besser zugeschnittene Lösung darstellen. Es bleibt abzuwarten, inwiefern die beiden Vereine in Zukunft in ihren Vorgehen und Sanktionen voneinander abweichen und ob und gegebenenfalls welche Probleme konkret aus dieser Differenzierung resultieren.

---

[249] Ebenda.

11. Europäische Entwicklungen

Auch auf europäischer Ebene haben in den letzten Jahren deutliche Entwicklungen zugunsten einer Förderung der Patienteninformation stattgefunden.

11.1 Europäisches Verbraucherschutzrecht und Verbraucherleitbild

Mit der Problematik des „informierten Patienten" beschäftigt sich die Europäische Union seit geraumer Zeit. Bereits 1999 merkte Patrik Deboyser, damaliger für pharmazeutische Produkte zuständiger Abteilungsleiter der Europäischen Kommission, an, dass das strikte Verbot, verschreibungspflichtiger Arzneimittel bei den Konsumenten zu bewerben, aufgrund der steigenden Informationsbedürfnisse der Gesellschaft überholt sei.[250] Im Jahre 2003 hat der Ausschuss für Beschäftigung und soziale Angelegenheiten auf Initiative der Europäischen Kommission[251] den Entwurf einer Entschließung des europäischen Parlaments ausgearbeitet[252]. In dieser Entschließung fordert das Parlament eine Europäische Charta der Patientenrechte sowie die Verabschiedung entsprechender Gesetze auf nationaler Ebene. Danach sollen ausdrücklich ein Recht auf verständliche, sachkundige und angemessene Information und Beratung durch den Arzt sowie das Recht auf Selbstbestimmung nach umfassender Aufklärung anerkannt werden.

Die Europäische Kommission stellte fest, dass in der Bevölkerung eine nie da gewesene Nachfrage und Nutzung gesundheitsbezogener Informationen bestehe. Dies hänge damit zusammen, dass der Einzelne nicht mehr der passive Empfänger medizinischer Behandlung und Beratung sei, sondern sich zu einem aufgeklärteren und engagierteren Verbraucher von Gesundheitsleistungen entwickelt habe.[253]

Auch Abgeordnete des Europäischen Parlaments sowie der Europäische Kommissar für Unternehmen und Industrie Günter Verheugen, sprachen sich in der Vergangenheit für die Zulässigkeit der Veröffentlichung entsprechender Arzneimittelinformationen aus.[254] Auch im Zentrum des Interesses von David Byrne, dem ehemaligen Kommissar für Gesundheit und Verbraucherschutz, steht weiterhin die Förderung sachlich fundierter Informationen, und der ehemalige Präsident des

---

250 Vgl. Harms, DTC in den USA: Zukunftsaussichten DTC: Status Quo 2003, in: Pharma-Marketing Journal, Nr. 6, 2003, S. 212 (213).

251 Mitteilung der Kommission vom 03.01.2003, KOM (2002) 774.

252 Ausschuss für Beschäftigung und soziale Angelegenheiten, Bericht vom 24.02.2004, A5/0098/2004.

253 Europäische Kommission (2003), S. 8.

254 Siehe Lorz, in GRUR Int. 2005, S. 894 (897).

Europäischen Parlaments Pat Cox hob das Paradoxon hervor, dass er mehr über das Auto, das er fährt, erfahren könne, als über medizinische Behandlungsmethoden für sich und seine Familie.[255]

11.2 Das Gintec-Urteil

Besondere Brisanz hat der Gemeinschaftskodex für Humanarzneimittel (RL 2001/83/EG) durch die Gintec-Entscheidung des EuGH[256] erhalten. Hiernach stellt der Kodex sowohl einen Mindest- als auch einen Höchststandard auf und beantwortet damit eine Frage, die bis zu dieser Entscheidung höchst kontrovers diskutiert wurde. Das bedeutet, dass im Kollisionsfall immer ein Anwendungsvorrang des Gemeinschaftsrechts gilt, da der Gemeinschaftskodex die Vorschriften über Werbung für Arzneimittel abschließend regelt und so auch strengeren nationalen Vorschriften entgegensteht. Zudem wird in dem Urteil klargestellt, dass es keine Werbeverbote für nichtverschreibungspflichtige, nichterstattungsfähige Arzneimittel geben kann.

11.3 Bericht der Europäischen Kommission

Hinsichtlich verschreibungspflichtiger Arzneimittel ist auf den Bericht der Europäischen Kommission an das Europäische Parlament und den Rat über die gegenwärtige Praxis der Bereitstellung von Arzneimittelinformationen für Patienten vom 20.12.2007[257] zu verweisen.

11.3.1 Rechtsgrundlage

Dieser Bericht wurde auf Grundlage des Art. 88a Humankodex (2001/83/EG) ausgearbeitet. Danach legt die Kommission

„innerhalb von drei Jahren nach Inkrafttreten der Richtlinie 2004/726/EG dem Europäischen Parlament und dem Rat nach Konsultation der Patienten- und Verbraucherorganisationen, der Ärzte- und Apothekerorganisationen sowie der Mitgliedstaaten und der anderen beteiligten Parteien einen Bericht über die gegenwärtigen Praktiken im Informationsbereich vor, insbesondere über Informationen,

---

255 Ansprache von Pat Cox am 09.11.2004 im Rahmen des *Hayek Series* „Are informed patients a threat to EU health budgets ?“.

256 EuGH vom 08.11.2007, Rs. C-374/05 – Gintec.

257 KOM(2007), 862.

die über das Internet verbreitet werden, sowie über die Gefahren und Vorteile dieser Praktiken für die Patienten.

Nach der Prüfung dieser Daten arbeitet die Kommission gegebenenfalls Vorschläge für eine Informationsstrategie aus, durch die eine hochwertige, objektive, zuverlässige und werbungsfreie Information über Arzneimittel und andere Behandlungsmethoden sichergestellt werden soll und befasst sich dabei auch mit der Frage der Haftung der Informationsquelle."

Dabei ist die Tätigkeit der Kommission grundsätzlich nicht auf den verschreibungspflichtigen Bereich beschränkt.

Auf Grundlage dieser Bestimmung wurde eine Mitteilung der Kommission an das Europäische Parlament und den Rat zum Bericht über die gegenwärtige Praxis der Bereitstellung von Arzneimittelinformationen für Patienten[258] angenommen und dem Europäischen Parlament und dem Rat am 20. Dezember 2007 übermittelt.

11.3.2 Beschreibung des aktuellen Stands

Dem Bericht zufolge wird die Bereitstellung von Informationen in den einzelnen Mitgliedstaaten äußerst unterschiedlich geregelt und gehandhabt. Manche Länder seien sehr restriktiv, andere wiederum erlauben die Veröffentlichung verschiedener Arten von werbungsfreien Informationen.[259] In einigen Mitgliedstaaten spielen die Behörden, insbesondere die Arzneimittelregulierungsbehörden, bei der Bereitstellung der verschiedenen Arten von Informationen eine sehr wichtige Rolle, wohingegen andere Mitgliedstaaten diese Informationstätigkeit öffentlich-privaten Partnerschaften übertragen und die Verbände der Gesundheitsberufe, Patientenorganisationen und pharmazeutische Industrie einschließen.[260] Dies führe dazu, dass der Zugang der Patienten und der breiten Öffentlichkeit zu Informationen ungleich sei. Überdies leide die Rechtssicherheit für international tätige Genehmigungsinhaber darunter, dass die Bereitstellung von Informationen nicht einheitlich geregelt und gehandhabt werde.

Der größte Unterschied zwischen den Mitgliedstaaten bestehe aber in der Art der Informationen, die im Internet öffentlich verfügbar seien bzw. abgerufen werden können.[261]

---

258 Bericht, KOM (2007) 862. Zu dieser Mitteilung wurde ein Arbeitspapier der Kommissionsdienststellen erstellt (SEK(2007)1740).

259 Bericht (o. Fn. 259), Kapitel 3, S. 9.

260 Bericht (o. Fn. 259), Kapitel 2.1, S. 5.

261 Bericht (o. Fn. 259), Kapitel 2.1, S. 5.

11.3.3 Regelungsbedürfnis

In dem Bericht wird außerdem die Verbesserung der Qualität und Sachdienlichkeit der Patienteninformation als geeignet eingestuft, den Gesundheitszustand zu verbessern und die Nutzung der Ressourcen effizienter zu gestalten. Besser informierte Patienten würden Therapieanweisungen vermutlich besser befolgen und ärztliche Entscheidungen besser verstehen. Damit sei langfristig ein gesellschaftlicher und wirtschaftlicher Nutzen verbunden.[262]

Es müssten folglich die derzeitigen Vorschriften für die Patienteninformation geändert werden, wobei die Interessen der Patienten an erster Stelle stehen sollen. Unter diesem Blickwinkel sollten die Unterschiede beim Informationszugang verringert und die Verfügbarkeit hochwertiger, objektiver, verlässlicher und nicht werbender Informationen über Arzneimittel gewährleistet werden.[263]

11.3.4 Zielvorgaben der Kommission

Die Ziele, welche die Europäische Kommission in den Vordergrund stellt, liegen in der Verbesserung der Patienteninformation, in der Festlegung gemeinsamer Qualitätsstandards und -kriterien, der strikten Differenzierung zwischen Werbung und Information und der Anerkennung und Nutzung des Internets als Informationsmedium. Dabei soll an dem Verbot der direkten Verbraucherwerbung für verschreibungspflichtige Arzneimittel festgehalten werden. Die Kommission hatte sich zum Ziel gesetzt, vor Ende 2008 Vorschläge zur Änderung der derzeitigen Vorschriften für die Patienteninformation vorzulegen.[264]

11.4 Richtlinienentwurf der EU-Kommission: 'Pharmaceutical Package'

Die Kommission hat am 10.12.2008 den angekündigten Vorschlag für eine Richtlinie des Europäischen Parlamentes und des Rates zur Änderung der Richtlinie 2001/83/EG zur Schaffung eines Gemeinschaftskodexes für Humanarzneimittel in Bezug auf die Information der breiten Öffentlichkeit über verschreibungspflichtige Arzneimittel veröffentlicht.[265]

---

262 Bericht (o. Fn. 259), Kapitel 3, S. 9.

263 Bericht (o. Fn. 259), Kapitel 4.2, S. 11.

264 Bericht (o. Fn. 259), Kapitel 4.2, S. 11.

265 KOM(2008) 663, Brüssel, den 10.12.2008, {SEK(2008) 2667}, {SEK(2008) 2668}.

11.4.1 Allgemeiner Kontext

Auf Gemeinschaftsebene gibt die Richtlinie 2001/83/EG zur Schaffung eines Gemeinschaftskodexes für Humanarzneimittel[266] einen einheitlichen Rahmen für die Arzneimittelwerbung vor, für dessen Anwendung weiterhin die Mitgliedstaaten zuständig sind. In dieser Rechtsvorschrift wird die Öffentlichkeitswerbung für verschreibungspflichtige Arzneimittel untersagt. Allerdings enthalten weder die Richtlinie noch die Verordnung (EG) Nr. 726/2004 ausführliche Bestimmungen für die Informationen über Arzneimittel, sondern sie sehen lediglich vor, dass bestimmte Informationstätigkeiten nicht unter die für die Werbung geltenden Bestimmungen fallen. Aus diesem Grund können die Mitgliedstaaten, solange sie die oben genannten für die Werbung geltenden Vorschriften einhalten, bei der Bereitstellung von Informationen über Arzneimittel eigene Maßnahmen ergreifen. Wie jedoch Werbung und Informationen voneinander abzugrenzen sind und somit für welchen Bereich die im Gemeinschaftsrecht geregelten Werbeeinschränkungen gelten, wird innerhalb der Gemeinschaftsstaaten unterschiedlich beurteilt.[267]

11.4.2 Bestehende einschlägige Rechtsvorschriften

Die Richtlinie 2001/83/EG enthält keine ausführlichen Vorschriften zu den Informationen über verschreibungspflichtige Arzneimittel, die vom Inhaber der Genehmigung für das Inverkehrbringen der breiten Öffentlichkeit bereitgestellt werden. Gem. Art. 86 Abs. 2 der Richtlinie 2001/83/EG fallen jedoch bestimmte Informationstätigkeiten nicht unter die Vorschriften über die Werbung für Humanarzneimittel, die derzeit in den Titeln VIII und VIIIa der Richtlinie 2001/83/EG enthalten sind. Dies gilt für Fälle, in denen ein Inhaber der Genehmigung für das Inverkehrbringen eine konkrete Anfrage über ein bestimmtes Arzneimittel beantwortet (Art. 86 Abs. 2 zweiter Gedankenstrich), in denen er konkrete Angaben macht (Art. 86 Abs. 2 dritter Gedankenstrich) oder in denen allgemeine Informationen über die menschliche Gesundheit oder Krankheiten ohne Bezugnahme auf ein bestimmtes Arzneimittel gegeben werden (Art. 86 abs. 2 vierter Gedankenstrich). In der Gemeinschaft wird erfahrungsgemäß die Grenze zwischen Ausnahme für bestimmte Informationsarten und dem Werbeverbot für verschreibungspflichtige Arzneimittel unterschiedlich gezogen.[268]

---

266 ABl. L 311 vom 28.11.2001, S. 67. Zuletzt geändert durch die Richtlinie 2008/29/EG (ABl. L 81 vom 20.03.2008, S. 51).

267 KOM(2008) 663, S. 3.

268 KOM(2008) 663, S. 4.

11.4.3 Ziele des Vorschlags

Die im Rahmen des „Pharmaceutical Package" unterbreiteten Vorschläge sollen einen klaren Rahmen für die Bereitstellung von Informationen schaffen, die die Inhaber der Genehmigung für das Inverkehrbringen über ihre verschreibungspflichtigen Arzneimittel an die breite Öffentlichkeit weitergeben, um eine effiziente Verwendung dieser Arzneimittel zu fördern. Gleichzeitig soll durch den Vorschlag gewährleistet werden, dass die direkt an den Verbraucher gerichtete Werbung für verschreibungspflichtige Arzneimittel untersagt bleibt.[269]

Es soll insbesondere sichergestellt werden, dass die Informationen durch eine einheitliche Anwendung von klar festgelegten Standards gemeinschaftsweit von hoher Qualität sind. Dabei soll die Bereitstellung der Informationen über Kanäle gestattet werden, die den Bedürfnissen und Kompetenzen verschiedener Patientengruppen Rechnung tragen. Den Inhabern der Genehmigung für das Inverkehrbringen soll ermöglicht werden, verständliche, objektive und werbungsfreie Informationen über Nutzen und Risiken ihrer Arzneimittel bereitzustellen. Außerdem sollen Überwachungs- und Umsetzungsmaßnahmen vorgesehen werden, damit die Qualitätskriterien von den Informationsanbietern erfüllt werden, ohne dass dies zu unnötigem Verwaltungsaufwand führt.[270]

11.4.4 Vorgeschlagene Maßnahmen

Die Maßnahmen des Vorschlags bestehen aus folgenden Kernaussagen:

- Es soll klargestellt werden, dass die Inhaber der Genehmigung für das Inverkehrbringen unbeschadet des Werbeverbots unter ganz bestimmten Voraussetzungen Informationen über verschreibungspflichtige Arzneimittel direkt der Öffentlichkeit bereitstellen dürfen.[271]

- Für den Inhalt der Informationen, die von den Inhabern der Genehmigung für das Inverkehrbringen verbreitet werden dürfen, werden einheitliche Bedingungen festgelegt (Informationen, die von den Zulassungsbehörden genehmigt und entweder unverändert oder in bearbeiteter Form verwendet werden, sowie sonstige beschränkte arzneimittelbezogene Informationen).[272]

- Durch einheitliche Qualitätsstandards soll sichergestellt werden, dass derar-

[269] KOM(2008) 663, S. 1.
[270] KOM(2008) 663, S. 1.
[271] KOM(2008) 663, S. 11, Rn. 8.
[272] KOM(2008) 663, S. 12, Rn. 11.

tige Informationen von hoher Qualität und werbungsfrei sind.[273]

- Es soll festgelegt werden, welche Kanäle für die Bereitstellung von Informationen zugelassen sind, sodass unerbetene Verbreitungswege ausgeschlossen werden.[274]

- Die Mitgliedstaaten sollen zur Einrichtung eines Überwachungssystems verpflichtet werden, durch das die Einhaltung der erwähnten Bestimmungen über den Inhalt der Informationen, die Qualitätsstandards und die Verbreitungskanäle gewährleistet und gegebenenfalls durchgesetzt werden kann. In dem Vorschlag wird den Mitgliedstaaten die Wahl der am besten geeigneten Überwachungsmechanismen freigestellt. Allerdings wird darin eine Grundregel vorgegeben, wonach die Überwachung im Anschluss an die Informationsverbreitung erfolgen soll. Ausnahmefälle – für die eine vorherige Genehmigung nötig wäre – betreffen bestimmte Modalitäten der Informationsverbreitung, bei denen die Unterscheidung zwischen Werbung und werbungsfreien Informationen nicht ganz einfach zu treffen ist. Für Arzneimittel, die gemäß der Verordnung (EG) Nr. 726/2004 zugelassen werden, werden der Europäischen Arzneimittel-Agentur gewisse Genehmigungsaufgaben übertragen.[275]

- Es sollen konkrete Vorschriften für die Überwachung von Informationen festgelegt werden, die über Websites verbreitet werden, damit die grenzüberschreitende Dimension von über das Internet bereitgestellten Informationen berücksichtigt wird und die Mitgliedstaaten die Möglichkeit zur Kooperation erhalten sowie Doppelarbeit bei der Überwachung vermeiden können.[276]

- Um sicherzustellen, dass die Bereitstellung von Informationen über verschreibungspflichtige Arzneimittel – unabhängig von ihrem Zulassungsverfahren – stets den gleichen Vorschriften unterliegt, sollten im Gemeinschaftskodex für Humanarzneimittel die allgemeinen Vorschriften festgelegt werden (RL 2001/83/EG). Außerdem sollten in die Verordnung über das zentralisierte Verfahren (VO (EG) Nr. 726/2004) entsprechende Querverweise eingefügt und spezifische Vorschriften für zentral zugelassene Arzneimittel im Hinblick auf die Aufgaben der EMEA bei der Vorabkontrolle der zu verbreitenden Arzneimittelinformationen festgelegt werden.[277]

---

273 KOM(2008) 663, S. 12, Rn. 10.
274 KOM(2008) 663, S. 12, Rn. 12.
275 KOM(2008) 663, S. 12 f, Rn.14, S. 6, Nr. 3.1.
276 KOM(2008) 663, S. S. 12, Rn. 13.
277 KOM(2008) 663, S. 7.

11.4.5 Zusammenfassung

Die Richtlinie 2001/83/EG erhält einen neuen Titel VIII a (Art. 100 a bis 100 l). Ziel dieser neuen Regelungen ist es, die Patienten über Risiken und Nutzen von Arzneimitteln zu informieren, wobei nur verschreibungspflichtige Arzneimittel und nicht OTC-Präparate betroffen sind. Die Informationen sollen durch die Arzneimittelhersteller und nicht durch die Behörden über das Internet und Printmedien herausgegeben werden, wobei jedoch das Öffentlichkeitswerbeverbot für verschreibungspflichtige Arzneimittel beibehalten wird.

11.4.6 Bedeutung der Vorschläge

11.4.6.1 Inhaltlich unveränderte Vorschriften

Die aktuelle Definition der Werbung des Art. 86 Abs. 1 der Richtlinie 2001/83/EG „Als Werbung für Arzneimittel gelten alle Maßnahmen zur Information, zur Marktuntersuchung und zur Schaffung von Anreizen mit dem Ziel, die Verschreibung, die Abgabe, den Verkauf oder den Verbrauch von Arzneimitteln zu fördern [...]" bleibt erhalten. Es ist also weiterhin eine produktbezogene Absatzförderungsabsicht erforderlich, um eine Information als Werbung zu klassifizieren.

Auch das Öffentlichkeitswerbeverbot für verschreibungspflichtige Arzneimittel des Art. 88 Abs. 1 der Richtlinie 2001/83/EG bleibt unverändert.

Weiterhin nicht zur Werbung gerechnet werden gem. Art. 86 Abs. 2 der RL 2001/83/EG

- ➢ die Etikettierung und Packungsbeilage an sich (wobei jedoch die Einordnung der Bereitstellung der Packungsbeilagen an den Patienten strittig ist)
- ➢ konkrete Angaben und Unterlagen, die etwa Änderung der Verpackung, Warnung vor Nebenwirkungen sowie Verkaufskataloge und Preislisten betreffen, sofern diese keine Angaben über das konkrete Arzneimittel enthalten
- ➢ sowie Informationen über die Gesundheit bzw. Krankheiten des Menschen, sofern darin nicht, auch nicht indirekt, auf ein Arzneimittel Bezug genommen wird.

11.4.6.2 Inhaltliche Neuerungen der Vorschläge

Streichung des Art. 86 Abs. 2 RL 2001/83/EG: Die Bestimmung des Art. 86 Abs. 2 RL 2001/83/EG, die den Schriftwechsel und ggfs. Unterlagen, die nicht Werbezwecken dienen und zur Beantwortung einer konkreten Anfrage über ein bestimmtes Arzneimittel erforderlich sind, für zulässig erklärt, ist in dem Kommissionsvorschlag gestrichen. Dies könnte eine Verschärfung der Regelungen bedeuten, da grundsätzlich eine Kontrolle der Informationen erforderlich wäre.

Bestimmung „Informationen" (neuer Titel VIIIa): Informationen sollen in einem neuen Titel VIIIa geregelt werden. Als Informationen sollen dann erlaubt sein:

a) Fachinformation, Packungsbeilage, public assessment report in von der Zulassungsbehörde genehmigter Form (Art. 100b (a); dies ist heute strittig).

b) Fachinformation, Packungsbeilage, public assesment report in unterschiedlicher Weise präsentiert (Art. 100b (b); dies ist heute unzulässig).

c) Informationen über Auswirkungen des Arzneimittels auf Umwelt, Preise, Angaben über die Änderung der Verpackung oder Warnung vor Nebenwirkungen (Art. 100b (c)); dies ist heute unzulässig).

d) Arzneimittelbezogene Informationen über nicht-interventionelle Studien oder präventions- und behandlungsbegleitende Maßnahmen oder Informationen, die das Arzneimittel im Kontext der Erkrankung darstellen, der die Prävention oder Behandlung gilt (Art. 100 b (d); dies ist heute unzulässig).

Nicht unter den Begriff der „Informationen" sollen Aufklärungen über die Gesundheit oder Krankheit des Menschen fallen, sofern darin nicht, auch nicht in indirekter Weise, auf ein Arzneimittel Bezug genommen wird. Diese Angaben sind wie oben gezeigt allerdings auch keine Werbung.
Auch Material, das der Zulassungsinhaber den Angehörigen der Gesundheitsberufe zur Verteilung an Patienten bereitstellt, zählt nach dem neuen Art. 100a Abs. 2 nicht zu den Informationen. Daher stellt sich die Frage, ob diese Materialien dann zur Werbung gerechnet werden können, da sie in den betreffenden Vorschriften nicht negativ definiert werden. Verneint man dies, ist problematisch, welche Vorschriften dann greifen und ob eventuell alles, was nicht Information ist, automatisch Werbung und damit untersagt sein soll.

11.4.6.3 Erlaubte Kommunikationswege

Weiterhin untersagt ist die Verbreitung von arzneimittelbezogenen Informationen über Fernsehen und Rundfunk. Dagegen ist deren Verbreitung über das Internet und Printmedien grundsätzlich gestattet, wobei jedoch bei den Printmedien jeweils die Mitgliedstaaten bestimmen, was eine „gesundheitsbezogene Publikation" ist (Art. 100c (a)). Gem. Art. 100c (b) sind Arzneimittel-Websites im Internet zulässig und gem. Art. 100e Abs. 2 müssen Anfragen von Patienten und Verbrauchern in jeder Amtssprache der EU, die auch Amtssprache des jeweiligen Landes ist, möglich sein und in selbiger Sprache beantwortet werden, sofern die Zulassung des Arzneimittels in dem entsprechenden Land gegeben ist.

11.4.6.4 Überwachung

Noch nicht geregelt ist, wie die Überwachung und Kontrolle der Umsetzung der vorgeschlagenen Regelungen erfolgen soll.
Hier sind verschiedene Möglichkeiten denkbar: Zum einen könnten die nationalen Arzneimittel-Regulierungsbehörden die Kontrolle vornehmen. Zum anderen wäre eine Selbstregulierung durch die pharmazeutische Industrie, allerdings nach wie vor ohne Pflichtmitgliedschaft, denkbar und schließlich käme eine gemeinsame Regulierung in Betracht, bei der bestimmte Kompetenzen an ein Koregulierungsgremium und andere an die jeweiligen Arzneimittel-Regulierungsbehörden übertragen würden.[278]

11.4.7 Würdigung

Die neuen EU-Richtlinienvorschläge sind aus juristischer und sozial-politischer Sicht zu begrüßen, da sie den Zugang der Patienten zu medizinischen Informationen erleichtern. Es muss allerdings sichergestellt werden, dass keine „push-Werbung" von seiten der Arzneimittelhersteller geschaltet wird; einem direct-to-consumer-marketing wie bei den nichterstattungsfähigen, nicht verschreibungspflichtigen Medikamenten darf kein Weg geebnet werden.
Problematisch erscheint die Streichung des Art. 86 Abs. 2 2. Spiegelstrich, der die Beantwortung von konkreten Anfragen des Patienten von der Werbung ausschließt. Hier ist nicht klar, welche Auswirkungen dies haben wird. Denkbar ist eine Verschärfung der Rechtslage, da in der Regel eine Kontrolle der Informationen notwendig wäre. Dies würde wiederum den Informationszugang für die Pati-

[278] Vgl. Natz, in: Pharmarecht 2009, S. 140 (140).

enten erschweren und mehr Bürokratie mit sich bringen. Um dies zu verhindern wäre es sinnvoll, die Vorschrift nicht zu streichen, sondern in den Art. 100a aufzunehmen. Fraglich ist darüber hinaus, ob nicht eine Positivliste von zulässigen Informationen Vorteile im Sinne von mehr Rechtsklarheit gegenüber der Verwendung des unbestimmten Rechtsbegriffes der „Werbung" hätte. Entscheidend für die effektive Qualitätskontrolle wird schließlich sein, welches Gremium die Überwachung der Informationen sicherstellt.

11.5 Diskussion im EU-Parlament

In einer Sitzung vom 10. Februar 2009 hat der federführende Umwelt- und Gesundheitsausschuss des Europäischen Parlaments den Kommissionsentwurf zur Patienteninformation behandelt. Hauptaspekte der Diskussion waren vor allem die Abgrenzung zwischen Werbung und Information, die Frage des Informationsmediums sowie unter welchen Voraussetzungen und in welcher Form die pharmazeutische Industrie Informationen an Patienten zur Verfügung stellen darf.

Zu Beginn der Sitzung erklärte der Berichterstatter Christofer Fjellner (Europäische Volkspartei (EVP)), er wolle das Recht von Patienten auf Informationen stärken und die pharmazeutische Industrie in den Prozess einbeziehen. Er kritisierte, dass die Kommission keine klare Definition zur sog. Push- und Pull-Informationen liefere. Unter sog. Pull-Informationen sind Informationen zu verstehen, die auf konkrete Anfrage des Patienten zur Verfügung gestellt werden. Dies war in der gesamten EU nach Art. 86 Abs. 2 2. Spiegelstrich der Richtlinie 2001/83/EG – die jetzt gestrichen werden soll – bisher ohne jede behördliche Kontrolle möglich, da keine Werbung i.S. der Richtlinie vorlag. Daher sind Auswirkungen des Richtlinienvorschlags auf heute bereits erlaubte Informationen zu beachten. Da der Kommissionsvorschlag vorsieht, dass Arzneimittelhersteller künftig sowohl über das Internet als auch in bestimmten Printmedien über verschreibungspflichtige Arzneimittel informieren dürfen, forderten einige Abgeordnete, das Internet als Informationsquelle nicht zuzulassen. Dies bezeichnete der Berichterstatter als unzeitgemäß.[279]

Kontovers diskutiert wurde weiterhin die Frage, durch wen Informationen über verschreibungspflichtige Arzneimittel zur Verfügung gestellt werden dürfen. Einige Abgeordnete sprachen sich dafür aus, die pharmazeutische Industrie als Informationsquelle komplett auszuschließen, da jegliche Art der Information von dieser Seite als Werbung zu betrachten sei. Abgeordnete, die sich für eine Einbeziehung

---

279 Siehe Natz, in: Pharmarecht 2009, S. 140 (141).

der Industrie aussprachen, forderten u.a. eine Ergänzung der bereitgestellten Informationen. In diesem Zusammenhang wurde auch diskutiert, ob nicht eine dritte „neutrale" Instanz einzugliedern sei, die keine ökonomischen Interessen verfolgt. Dabei wurden sowohl die European Medicines Agency (EMEA) als auch Patientenorganisationen in Betracht gezogen. Diese könnten für verständliche Informationen sorgen und an die Patienten weitergeben. Der Vertreter der Kommission unterstrich noch einmal die Notwendigkeit, die Wege und Kriterien für erlaubte Informationen zu klären, um zum einen „Werbung durch die Hintertür" zu vermeiden, aber auch um der pharmazeutischen Industrie klare Regeln an die Hand geben zu können, wie der Patient informiert werden kann.

Die unterschiedlichen Auffassungen im federführenden Ausschuss könnten zu einer Abänderung der von der Kommission vorgeschlagenen rechtlichen Rahmenbedingungen für die Bereitstellung von Informationen seitens der Arzneimittelhersteller führen. Unwahrscheinlich ist es, dass abschließende Bestimmungen vor den Wahlen zum Europäischen Parlament im Juni 2009 stattfinden. Ein Inkrafttreten der neuen Regelungen in Deutschland ist nicht vor 2011 zu erwarten.[280]

---

[280] Natz, in: Pharmarecht 2009, S. 140 (141).

12. Fazit und Ausblick

Vorliegend wurde ein Überblick über Entstehungsgeschickte, Schutzzweck und Inhalt der gesetzlichen Regelungen des deutschen und des europäischen Publikumswerbeverbotes sowie die heute bestehenden Informationsquellen für Patienten gegeben.

In diesem Zusammenhang zu betonen ist vor allem das veränderte Patientenleitbild hin zu einem „mündigen und informierten" Patienten. In Anbetracht dieser Entwicklungen scheint eine vollständige Unterdrückung der Informationen durch ein weitgehendes Verbot für die Verbreitung von medizinisch-therapeutischen Informationen nicht mehr zeitgemäß, gesundheitspolitisch nicht erstrebenswert und verfassungsmäßig nicht zu rechtfertigen.

Wie sich diese Situation künftig entwickelt, bleibt – besonders vor dem Hintergrund des Kommissionsvorschlags – abzuwarten. Fraglich ist, wer künftig informieren darf bzw. ob auch die Hersteller informieren dürfen und ob auch über Preise, Nebenwirkungen und nicht-interventionelle Studien informiert werden kann. Auch bleibt offen, ob jegliche Information im Vorfeld kontrolliert werden muss und welche Behörden diese Überwachung vornehmen sollen. Eine Überwachung und Kontrolle nach Veröffentlichung von Informationen dürfte jedoch wenig praktikabel sein, da sie von den zuständigen Behörden nicht geleistet werden kann und auch die selbstregulierenden Gremien der pharmazeutischen Industrie immer nur sporadisch agieren können. Zudem würden Anbieter unseriöser Informationen vermutlich auf den Masseneffekt setzen und nicht unbegründet davon ausgehen, dass stets nur ein Bruchteil publizierter Informationen auch überprüft werden kann.

Auch deshalb ist zu betonen, dass eine effektive Qualitätskontrolle durch den Kommissionsentwurf sichergestellt werden muss und es entscheidend darauf ankommt, welches Gremium oder welche Gremien für die Überwachung verantwortlich sein sollen.

Die Entwicklung zum Leitbild eines „mündigen" und (mit-) entscheidungsberechtigten Patienten jedenfalls scheint unaufhaltsam voranzuschreiten. Dies ist gesellschafts- sowie gesundheitspolitisch und juristisch zu begrüßen, denn nur ein (richtig) informierter Patient ist ein guter Patient, der auch seine verfassungsmäßig garantierten Rechte wahrnehmen kann.

LITERATURVERZEICHNIS

Barth, Dieter	Verbraucherinformationen über verschreibungspflichtige Arzneimittel, in: Pharmind 2003, S. 572 ff.
ders.	Mediziner-Marketing, Vom Werbeverbot zur Patienteninformation, Berlin 1999
Bertelsmann Stiftung / Universität Bremen	Shared Decision Making: Konzept, Voraussetzungen und politische Implikationen, Verf: Klemperer, David / Rosenwirth, Melanie, 2. Auflage, Gütersloh 2005
Böcken, Jan / Braun, Bernhard/ Schnee, Melanie	Gesundheitsmonitor 2004. Die ambulante Versorgung aus Sicht von Bevölkerung und Ärzteschaft, Bertelsmann Stiftung: Gütersloh 2004
Bülow, Peter / Ring, Gerhard	Heilmittelwerbegesetz: Gesetz über die Werbung auf dem Gebiete des Heilwesens (HWG), 3. Auflage, Köln 2005
Callies, Christian	Nach dem Tabakwerbe-Urteil des EuGH: Binnenmarkt und gemeinschaftsrechtliche Kompetenzverfassung im neuen Licht, in: Jura 2001, S. 311 ff.
Charles, C. / Gafni, A. / Whelan, T.	Decision making in the physician-patient encounter: revisiting the shared treatment decision-making model, in: Soc Sci Med (49) 1999: 651-661
Coulter, Angela / Ellins, Jo	Patient-focused interventions - A review of the evidence, Picker Institut Europe, Download unter: http://www.pickereurope.org/Filestore/PIE_reports/project_reports/QEI-Review-chapter-2.pdf
Coulter, Angela / Magee, Helen	The European Patient of the Future, in: Open University Press: Maidenhead, Philadelphia 2003
Doepner, Ulf	Heilmittelwerbegesetz, 2. Auflage, München 2000
Garfield, S. / Smith, F. / Francis, S. / Chalmers, C.	Can patients' preferences for involvement in decision-making regarding the use of medicines be predicted? in: Patient Education and Counseling 2007; 66: 361-367
Gehring, Walter	Pharma Marketing – Instrumente, Organisation und Methoden, 2. Auflage, Zürich 1992
Grabitz, Eberhard / Hilf, Meinhard	Das Recht der Europäischen Union, Band II, München, Stand 2007
Grossmann, Ute	Noch ein Verein zur Selbstkontrolle, in: Pharmazeutische Zeitung online, abrufbar unter: http://mobil.pz-o.de/index.php?id=4483&type=0
Grünert, Torsten	Mehrheit will sich direkt beim Hersteller informieren,

in: Arzneimittel Zeitung, Jg. 17, Nr. 14, 2004, S. 1 ff.

Gurm, H.S. / Litaker, D.G. Framing Procedural Risks to Patients: Is 99% Safe the Same as a Risk of 1 in 100?, in: Academic Medicine (75) 2000: 840-842

Harms, Fred DTC in den USA: Zukunftsaussichten DTC: Status Quo 2003, in: Pharma-Marketing Journal, Nr. 6, 2003, S. 212 ff.

Hildebrandt, Ronny Heilmittelwerberecht: Informationspflichten vs. Werbeverbote: Eine Untersuchung mit Werbebeschränkungen im Arzneimittelsektor unter Berücksichtigung marketingpolitischer und wettbewerbsrechtlicher Aspekte, Hamburg 2004

Hohensohn, Heidi Patientenorientiertes Pharmamarketing: Kommunikation und Entscheidungsverhalten am Markt für verschreibungspflichtige Medikamente, Wiesbaden 1998

Joosten, E.A.G. / DeFuentes-Merillas, L. / de Weert, G.H. / Sensky, T. / van der Staak, C.P.F. / de Jong, C.A.J. Systematic Review of the Effects of Shared Decision-Making on Patient Satisfaction, Treatment Adherence and Health Status, in: Psychotherapy and Psychosomatics 2008; 77: 219-226

Kernd'l, Alfred / Marcetus, Karl Heilmittelwerbegesetz, Stuttgart 1965

Kleist, Holde / Albrecht, Uwe / Hoffmann, Hans Georg / Hess, Gertrud Heilmittelwerbegesetz: Kommentar zu den Bestimmungen des Gesetzes über die Werbung auf dem Gebiete des Heilwesens, 2. Auflage, Frankfurt a.M. 1998

Klemperer, David Wie Ärzte und Patienten Entscheidungen Treffen – Konzepte der Arzt-Patient Kommunikation, Veröffentlichungsreihe der Forschungsgruppe Public Health, Forschungsschwerpunkt Arbeit, Sozialstruktur und Sozialstaat Wissenschaftszentrum Berlin für Sozialforschung, Berlin 2003

Koenig, Christian / Haratsch, Andreas Europarecht, 6. Auflage, Tübingen 2009

Larenz, Karl Methodenlehre der Rechtswissenschaft 6. Auflage, Berlin 1991

Loh, A. / Kriston, D. / Simon, L. / Härter, M. Patientenbeteiligung bei medizinischen Entscheidungen: Effekte der Partizipativen Entscheidungsfindung aus systematischen Reviews, in: Deutsches Ärzteblatt 2007, 104 (21): A 1483-1488

Loh, A. / Simon, D. / Härter, M. Effekte der Patientenbeteiligung in der Grundversorgung depressiver Patienten - Höhere Therapietreue und bessere Behandlungsergebnisse / Effects of shared decision making in primary care of depressive patients - Better compliance and treatment effects, in: Rehabilitation 2008; 47: 84-89

Lorz, Ralph Alexander Internetwerbung für verschreibungspflichtige Arzneimittel aus gemeinschaftsrechtlicher Perspektive, in: GRUR Int.

2005, S. 894 ff.

Marstedt, Gerd — Zahlreiche Studienzusammenfassungen abrufbar unter: http://forum-gesundheitspolitik.de/artikel/artikel.pl?artikel=1568

Mc Allister F.A. / O`Connor, A.M.. / Wells, G / Grover, S.A. / Laupacis, A. — When should hypertension be treated? The different perspectives of Canadian family physicians and patients, in: CMAJ (163) 2000: 403-408.

Natz, Alexander — Aktuelles aus Brüssel, in: Pharma Recht 2009, S. 140 f.

O`Donnell, Marie / Monz, Brigitta / Hunskaar, Steinaar — General preferences for involvement in treatment decision making among European women with urinary incontinence, in: Social Science & Medicine 2007; 64: 1914-1924

Poschenrieder, Angela — Werbebeschränkungen für Arzneimittel – Inhaltliche Bestimmung und Überprüfung an höherrangigem Recht, Berlin 2008

Protheroe, J. / Fahey, T. / Montgomery, A.A. / Peters, T.J. — The impact of patients' preferences on the treatment of atrial fibrillation: observational study of patient based decision analysis, in: BMJ (320) 2000: 1380–1384

Rieß, Fabian — Publikumswerbung für verschreibungspflichtige Arzneimittel Frankfurt a.M. u.a. 2007

Sachs, Michael — Grundgesetz Kommentar, bearb. v. Ulrich Battis u.a., 5. Aufl., München 2009

Scheibler, Fülöp / Schwantes, Ulrich / Kampmann, Margareta/ Pfaff, Holger — Shared Decision Making, in: GGW (1) 2005: 23-31

Schweitzer, Michael / Schroeder, Werner / Bock, Yves — EG-Binnenmarkt und Gesundheitsschutz am Beispiel der neuen Tabakrichtlinie der Europäischen Gemeinschaft, Heidelberg 2002

Simon, Jörg / Röthele, Sebastian — Direct-to-Consumer (DTC)-Marketing auf dem deutschen Pharmamarkt – Entwicklungsstand und Chancen, Braunschweig 2004

Sodan, Helge/ Zimmermann, Markus — Das Spannungsfeld zwischen Patienteninformierung und dem Werbeverbot für verschreibungspflichtige Arzneimittel – Eine Studie zur verfassungskonformen Auslegung von § 10 Abs. 1 des Heilmittelwerbegesetzes, Berlin, 2008

Steel, N. — Thresholds for taking antihypertensive drugs in different professional and lay groups: questionnaire survey, in: BMJ (320) 2000: 1446-1447

Steinbeck, Anja — Werbung von Rechtsanwälten im Internet, in: NJW 2003, S. 1481 ff.

Stoll, Veit — Das Publikumswerbeverbot für verschreibungspflichtige

	Arzneimittel – erste Anzeichen einer Auflockerung, in: Pharma Recht 2004, S. 100 ff.
Streinz, Rudolf	EUV/EGV, Vertrag über die Europäische Union und Vertrag zur Gründung der Europäischen Gemeinschaft, München, 2003
Swissmedic	Swissmedic outlines new guidelines on internet advertising and information, in: SCRIP – World Pharmaceutical News, Nov. 24 th 2006 No 3212, S. 1 ff.
Wiemers, Matthias	Das Publikumswerbeverbot verschreibungspflichtiger Arzneimittel, in: WRP 2007, S. 145 ff.
Willi, Christoph	Der informierte Patient ist der beste Patient, in: Pharma Recht 2007, S. 412 ff.
Wilson, Steven M.	Impact of the Internet on Primary Care Staff in Glasgow Abrufbar unter: http://www.jmir.org/1999/2/e7/

Alle zitierten Internetseiten wurden zuletzt besucht am 18.12.2009

Weiterbildender Masterstudiengang Consumer Health Care

Der weiterbildende Masterstudiengang Consumer Health Care wurde im März 2001 an der Humboldt-Universität Berlin ins Leben gerufen und ist inzwischen an der Charité - Universitätsmedizin Berlin angesiedelt. Die staatliche Anerkennung erfolgte 2004 mit der Akkreditierung, im Jahre 2009 wurde der Studiengang erfolgreich reakkreditiert. Neben dem Master of Science kann auch das international anerkannte Diploma Supplement erworben werden.

Das Weiterbildungsstudium befasst sich mit den Bedürfnissen der Verbraucher von Gesundheitsprodukten, insbesondere von Arzneimitteln, und untersucht die Entwicklung von Gesundheitsmärkten und deren Wandlungsprozesse unter rechtlichen, pharmakoepidemiologischen und gesundheitsökonomischen Aspekten. Es richtet sich an Mitarbeiter der pharmazeutischen Industrie, Krankenkassen, Consulting-Unternehmen und Verbände sowie an Berufsanfänger, vorzugsweise an Absolventen eines Studiums der Medizin oder Pharmazie oder anderer für Consumer Health Care relevanten Studienfächer wie beispielsweise Wirtschafts-, Rechts-, Ernährungs-, Gesundheits- oder Pflegewissenschaften, Biologie, Chemie, Soziologie, Psychologie, Sozialpädagogik u. ä.

Ziel des Studiums ist der Erwerb und die Weiterentwicklung von Kenntnissen und Fertigkeiten, die bei einer Tätigkeit in der verbraucherorientierten Gesundheits- und Arzneimittelversorgung erforderlich sind, wobei auf ein fächer- und sektorübergreifendes Denken besonderer Wert gelegt wird. Zu den inhaltlichen Schwerpunkten gehören die gesetzlichen Grundlagen einer verbraucherorientierten Arzneimittelversorgung, Pharmakoepidemiologie und Pharmakovigilanz, Gesundheitsökonomie und Gesundheitsmanagement sowie Qualitätssicherung und ethische Aspekte der Arzneimittelversorgung. Weiterhin soll das Ergänzungsstudium eine Plattform für die Konsensfindung zwischen allen Partnern bilden, die an der gesundheitlichen Betreuung teilnehmen. Didaktisch steht eine integrative Wissensvermittlung im Vordergrund, die das jeweilige grundständige Studium der Teilnehmer ergänzt. Die Absolventen erwerben eine zusätzliche Qualifikation und sind damit für leitende Aufgaben im Bereich der Arzneimittelversorgung besonders geeignet.

Das berufsbegleitende Studium setzt sich aus fünf 14-tägigen Präsenzmodulen mit Vorlesungen, Seminaren, Debatten und dem zwischenzeitlichen Selbststudium zusammen. Die Dozenten kommen sowohl aus dem universitären bzw. akademischen Bereich als auch aus der Wirtschaft.

Die Veranstaltungen finden zweimal pro Semester als 14-tägige Blockveranstaltungen statt, d. h. drei pro Jahr und insgesamt fünf. Der Studienort ist Berlin-Mitte. Die Studiendauer beträgt vier Semester und gliedert sich in ein dreisemestriges Fachstudium mit Klausuren am Ende der jeweiligen Präsenzveranstaltungen plus ein Semester für die Masterarbeit. Parallel zum Studium sind zwei Projektarbeiten zu schreiben. Die Teilnahme an den Modulen kann entsprechend der individuellen beruflichen und familiären Situation flexibel gestaltet werden, wodurch die Studienzeit sich gegebenenfalls entsprechend verlängert. Für die erfolgreiche Teilnahme (bestandene Klausuren sowie zwei akzeptierte Projektarbeiten) wird ein Zertifikat vergeben. Für Teilnehmer, die darüber hinaus den Mastertitel anstreben, ist eine schriftliche Abschlussarbeit (Masterarbeit) vorzulegen und in einer mündlichen Prüfung öffentlich zu verteidigen. Der Mastertitel kann jedoch nur erworben werden, wenn durch den Hochschulabschluss des grundständigen Studiengangs 240 Credit Points nachgewiesen werden können. Verliehen wird der Titel „Master of Science".

Der Studiengang ist als Bildungsurlaub laut Berliner Bildungsurlaubsgesetz (BiUrlG) vom 24. Oktober 1990 (GVBl. S. 2209) § 11 anerkannt.

Weitere Informationen finden Sie auf der Homepage des Studiengangs www.consumer-health-care.de

Abonnement

Hiermit abonniere ich die **Schriftenreihe Masterstudiengang Consumer Health Care (ISSN 1869-6627),** herausgegeben von Prof. Dr. Marion Schaefer,

❐ ab Band # 1

❐ ab Band # ___

  ❐ Außerdem bestelle ich folgende der bereits erschienenen Bände:

  #___, ___, ___, ___, ___, ___, ___, ___, ___, ___, ___, ___

❐ ab der nächsten Neuerscheinung

  ❐ Außerdem bestelle ich folgende der bereits erschienenen Bände:

  #___, ___, ___, ___, ___, ___, ___, ___, ___, ___, ___, ___

❐ 1 Ausgabe pro Band ODER ❐ ___ Ausgaben pro Band

Bitte senden Sie meine Bücher zur versandkostenfreien Lieferung innerhalb Deutschlands an folgende Anschrift:

Vorname, Name: ___________________________

Straße, Hausnr.: ___________________________

PLZ, Ort: ___________________________

Tel. (für Rückfragen): ______________ *Datum, Unterschrift:* ______________

Zahlungsart

❐ *ich möchte per Rechnung zahlen*

❐ *ich möchte per Lastschrift zahlen*

bei Zahlung per Lastschrift bitte ausfüllen:

Kontoinhaber: ___________________________

Kreditinstitut: ___________________________

Kontonummer: ______________ Bankleitzahl: ______________

Hiermit ermächtige ich jederzeit widerruflich den ***ibidem***-Verlag, die fälligen Zahlungen für mein Abonnement der **Schriftenreihe Masterstudiengang Consumer Health Care** von meinem oben genannten Konto per Lastschrift abzubuchen.

Datum, Unterschrift: ___________________________

Abonnementformular entweder **per Fax** senden an: **0511 / 262 2201** oder 0711 / 800 1889
oder als **Brief** an: ***ibidem***-Verlag, Julius-Leber Weg 11, 30457 Hannover oder
als e-mail an: ibidem@ibidem-verlag.de

ibidem-Verlag

Melchiorstr. 15

D-70439 Stuttgart

info@ibidem-verlag.de

www.ibidem-verlag.de
www.ibidem.eu
www.edition-noema.de
www.autorenbetreuung.de

Zeitfracht Medien GmbH
Ferdinand-Jühlke-Straße 7
99095 Erfurt, Deutschland
produktsicherheit@kolibri360.de